SHODENSHA
SHINSHO

JN318636

方の思想

巳

祥伝社新書

〈プロローグ〉

二〇一五年の一月に公開された『おみおくりの作法』という映画があります。ロンドンを舞台に、日本でいう民生委員のような仕事をする男、ジョン・メイが主人公です。彼の仕事は、ひとりきりで亡《な》くなった人を弔《とむら》うことです。

ジョンは身内の人間を探し出して、葬式に来てもらうのですが、あまりにも丁寧《ていねい》に仕事をしすぎるのでクビになってしまいます。

原題が『Ｓｔｉｌｌ　Ｌｉｆｅ』、静物画というだけあって、カメラはあまり動かず、そんなジョン・メイの姿を淡々と映し出していきます。

映画を観《み》て、まずわかるのは、ロンドンでは孤独死が増えているということです。これは東京でも同様ですが、一人暮らしが増えているので自《おの》ずと孤独死も増えるのです。

現在のイギリスでの葬儀の仕方も、よくわかります。イギリスでは、まだかなり土葬が行なわれていて、この映画でも火葬と土葬の両方が出てきます。土葬は案外高くつくものです。まずお棺が高い。一方で、身元引受人がおらず役所が火葬するような場合、遺骨は緑色のプラスティック容器に入れられます。日本だと骨壺が使われるのですが、そこが違います。

火葬が終わって遺骨は灰にされて、散布する所定のスペースに撒《ま》いてしまうのです。日本とは遺骨に対する考え方が違うわけですが、焼いたらおしまいというほうが世界の主流になっているようです。

遺族がいても、焼き終えるのに2、3時間かかるので、火葬がはじまったらさっさと帰ってしまうという場合もあります。

ジョン・メイはクビになる前の最後の仕事として、向かいの家で亡くなった男性の遺族を捜します。その際に彼は、イギリス中を旅し、さまざまな人々と関わっていくことになります。

映画としてもすばらしいですし、「死」、特に「孤独死」というものについて考えさせられる作品でした。

この作品は、爆発的というわけではありませんが日本でもヒットし、ロングラン作品となりました。

自分はどのようにして死んでいくのか、そのときどんなことを思うのだろうか……。

はたして、「孤独死」というのは寂《さび》しいものなのだろうか、それともそうではないのでしょうか。

現代に生きるわれわれは、死とどう向き合ったらいいのか。

これから、この問題について考えてゆきたいと思います。

目次

第二章 無縁社会とは何か

第三章 安楽死と尊厳死

第四章 死後の魂《たましい》

第五章　死は別れのとき

第六章　先祖になるということ

第七章　死と再生

第一章

長寿化する社会

1　長寿になった日本人

人は必ず、いつか死にます。

死は誰にも平等にやってくることです。永遠の命を求める、などと言いますが、もし死ななかったら、人はいったいどうなるでしょうか。

いつか終わりがあるから、私たちはがんばれる。限りがある人生、時間だから大切にしようと思えるのです。

いま生きていることに感謝できるからこそ、つまり死ぬからこそ、幸せを感じられるのです。

永遠の命というものはありませんが、人間の寿命は昔と今とでは、かなり違ってきました。

現在、日本の平均寿命は、女性が八六・六一歳で世界第一位、男性は八〇・二一歳で世界第四位です。

日本で最も古い調査となりますが、明治二十四年から明治三十一年までの調査では、男性の平均寿命はなんと四二・八歳、女性でも四十四・三歳でした。終戦後間《ま》もない一九四七年でも、男性がたった五〇・〇六歳、女性が五三・九六歳でした。

「人間五十年、下天のうちを比ぶれば、夢幻のごとくなり……」

その昔、織田信長《おだのぶなが》が好んで謡《うた》ったという謡曲の『敦盛《あつもり》』にもあるように、まさに「人生五十年」だったのです。

日本だけではなく、この時代はどの国でもだいたい同じくらいの寿命だったと思います。いま百歳以上の人の数は日本では何万人もいますから、人間の寿命はいまのおよそ半分だったということになります。

人類で一番長く生きた人は一二二・七歳、フランス人の女性です。だいたい長く生きた人は記録が曖昧《あいまい》なことが多いのは、生きすぎているがゆえに記録がはっきりしないからでしょう。長寿世界一と言われていても、途中で覆《くつがえ》されることが多々あります。

しかしこのフランス人女性、ジャンヌ・ルイーズ・カルマンさんの場合には、一八七五年二月二十一日に生まれ、一九九七年八月四日に亡くなったことが正式に記録されています。一二二年と一六四日、これがいまのところはっきりしている人間の長寿の最高記録です。

中国や日本では大還暦という言葉があり、これは還暦を二回、つまり百二十歳ということを意味します。人類で大還暦を迎えたのは、どうやらこの女性だけのようです。

多くの人たちがそこまで生きられるようになるとは考えられませんが、八十歳、九十歳で亡くなるのが珍しくない世の中になりました。

たしかに人生は以前よりぐっと長くなり、単に長くなっただけではなく、「それくらいまで生きることが当たり前」だと考えられるようになっています。

このようなことは、平均寿命が四十代、五十代のころには考えられませんでした。自分は何歳まで生きられるか、八十歳、九十歳まで生きる自分をイメージできた人は、かつてはほとんどいなかったわけです。

生まれてすぐに亡くなる赤ん坊も多ければ、子どもの時代、あるいは肺結核などで若くして亡くなることも多かった。

「いつまで生きられるかわからない」という社会から、かなりの程度「この年まで生きるんじゃないか」と想定できる社会に変わってきたと言えるでしょう。七十歳くらいで亡くなると、「まだ若いのに」と言われてもおかしくはありません。

七十歳を若いと言えるのかどうかはまた別の問題ですが、そう言われるようになっていることは間違いないかと思います。

2 「大往生」が難しい時代

死を避けることができないのであれば、「大往生」したい――。

日本では、理想的な死に方は「大往生」と言われてきました。

九十歳台、百歳くらいで死んだ場合、遺族には「大往生でしたね」という言葉がかけられることも多いと思います。

「往生」とは、もともと仏教のことばです。亡くなってから、極楽浄土に生まれ変わることが「往生」です。無事往生を果たしたときには、阿弥陀仏《あみだぶつ》が現われ、死者を極楽浄土に導くという信仰です。

死に際の阿弥陀仏の出現は「来迎《らいごう》」と呼ばれ、その様子を表わす「来迎図」が古くから描かれてきました。

「往生」の考え方のもと、「大往生」ということばが生まれました。天寿を全《まっと》うし、畳の上で家族に見守られながら亡くなるというイメージです。

ところが、たしかに長寿にはなったわけですが、現代ではこの「畳の上で」ということが難しくなってきました。

死亡する場所の統計を見てみると、一九五一（昭和二十六）年には、およそ八割の人が自宅で亡くなっていました。

ところが、現在その割合は完全に逆転しています。

病院で亡くなる人が約八割、自宅で亡くなる人は、老人ホームなどの施設を含めても二割に満たないのです。

いまでも「自宅で死ぬ」ことを望む人は多いのでしょうが、やはり本人が苦しんでいたら家族は入院させてしまうでしょう。

そもそもいまの日本では、自宅で亡くなって医師によって死が確認されなかった場合、警察による「検案」を受けなければなりません。事件や事故の可能性があるということで、「変死」の扱いになってしまうのです。

しかし、たとえ自宅で死ぬということが難しくなっていても、私たちの平均寿命は延びました。ほとんどの人が、「大往生」し、心安らかに死んでいくことが十分可能になっているのです。

3　長寿化イコール幸せではない

では、長く生きられることによって、本当にわれわれは幸せになったのでしょうか。

多くの人が八十、九十歳くらいまで生きると想定できる社会になりました。これが高齢化社会と言われているものです。

いつまで生きられるかわからないから、とにかく生きていようと、先のことを考えずに生きていくのが、昔の人生でした。それがいまでは、九十歳くらいまで生きるから、それまで何とか生き延びなければならないと考えながら生きていく人生に変化しています。

はたしてどちらが幸せなのか、という問題に、いまわれわれは直面しています。

「ワーク・シフト」という概念を提唱しているリンダ・グラットンさんという方がいます。雑誌に掲載されていた彼女のインタビューに、こんな内容の一文がありました。

「昔は六十歳まで仕事をし、八十歳で死ぬという人生が普通だった。けれどいまは、八十歳まで働いて、百歳で死ぬ社会になっている。六十歳から八十歳までどうやって働くのか、考えなければいけない」

私はこれを目にしたとき、つくづく大変な時代になったものだと思いました。

現実に、いったい八十歳まで働ける人がどの程度いるものでしょうか。けれども、たしかにいまの世の中では「老後にこれだけのお金が必要だ」として、信託銀行などさまざまな機関がシミュレーションを発表しています。

何千万円も要《い》るというのですが、そんなに持っている人は滅多にいません。八十歳まで働く社会になったと言われると、動揺を感じる人も少なくないでしょう。

ずっと先のことを考えなければならない社会というのは、われわれにとってかなり辛《つら》い状況だと思います。

それなら考えなければいいと思っても、人間やはり考えてしまうものです。考えることによって、いろいろ苦労するのです。

単に自分の老後の心配だけでなく、死んだ後のことまで考えてしまいます。

死んだ後なんてどうでもいいとはなかなかならず、何とか自分が稼いだ金を子どもに遺したいという思いにかられたりするのです。そこに相続の問題が生じます。

わが家の近くにも、相続相談専門の店があり、通りかかるとけっこう人が訪れているようです。法律が変わったせいもあり、雑誌の特集でも、相続問題はかなりの人気を集めていて、いまや相続ブームです。

老後について心配し、死後についても心配する。日本はいま、そんないつまでも苦労が続く社会になっているのです。

4　スケジュール化される人生

なぜ老後が心配かといえば、つまり、自分が死ぬまでのことをスケジュール化しているからです。これは、長寿社会になったということはもちろんですが、日本がサラリーマン社会になったという要因もあります。

サラリーマンには、定年があります。定年は六十歳、延びて六十五歳になったとしても、退《ひ》く時期が決まっています。

定年後、生活は根本から変わるわけです。六十歳という定年があることによって、人生の一つの大きな区切りをあらかじめ想定しておかなければなりません。

二十代初めから、定年の年齢六十歳、あるいは六十五歳まで働くことを織り込みながら暮らす――それが、人生における「スケジュール」という意識を生んでいるのです。先が見えてしまうから、考えることができる。というより、考えざるをえないわけです。

生まれたときから、何歳で学校に行き、何歳で卒業し、何歳で結婚し、何歳で子どもを作り、定年を迎える……というように、スケジュール化されてしまっているわけです。

そのスケジュールに従って生きていく、という状況に私たちの多くはあるのだといえるでしょう。

『ローマの休日』という映画がありました。

一九五三年、ちょうど私が生まれた年に製作されました。オードリー・ヘップバーンの実質的なデビュー作であり、もう六二年も前の作品ですが、まったく古びていない名作です。

観《み》られた方も多いと思いますが、若い王女が王女であることのストレスに耐えられず、滞在先の王宮から逃げ出し、ローマの街で一日を過ごす……。

たくさんの出来事が描かれているので、ほとんどの人は一日のことだとは思わないかもしれませんが、王女は夜に王宮から逃げ出し、次の日の夜に帰っています。ローマの休日はたった一日なのです。

彼女は、王女としての暮らしの中で、何が一番嫌だったのでしょうか。

夜寝るときにお付きの侯爵夫人が、「明日はこういうスケジュールです」と細かく確認していくのですが、訪問先によって挨拶《あいさつ》の仕方も違ってきます。あまりにもたくさん出てくるので、彼女は嫌になって爆発してしまいます。

爆発し、鎮静剤を打たれた王女は、そのまま夜の街に逃げ出してしまうのです。そうです、つまり彼女はスケジュールが嫌で逃げ出したのです。

5 スケジュールからは逃れられない

スケジュールというものは、人を締めつけます。社会人になればスケジュールに従って生きなければなりません。日本の社会は特にスケジュールがきつい社会でもあります。

日本では、時間に遅れることは大罪です。世界的に見れば、そんな社会はあまりないようです。

日本も、昔はそこまでではなかったようです。いまでも、地方によってはさほど厳格ではありません。時間通りに事《こと》が運ばないと日本人はいらいらしたりもしますが、外国ではけっしてスケジュール通りにものごとは進みません。

王女様のような公《おおやけ》の人であれば細かい予定に縛《しば》られますが、一般庶民にはスケジュールという意識は本来あまりなかったのです。

そもそも、いまのように時計が普及するより以前の時代は、時間がはっきりしていませんでした。

江戸時代で考えても、家臣が登城してくる時間は決まっていますが、一般の庶民の中ではそんなに時間を気にしていませんでした。ですから、時間の計り方も、「一時《いっとき》」というかたちでいまの二時間単位くらいが目安でした。さらに不定時法ですから、季節によってもその長さは変わりました。

現代は時計もどんどん正確になり、電波時計などは一秒も狂いません。時計が一秒も狂わないがゆえに、人間は一秒も狂わない時間に従って生きなければいけない時代になったのです。

すべきことが積み重なって、それが時間というかたちで現われ、過密で厳格さを要求されるスケジュールになっています。

単に日々の暮らしがスケジュール化されるだけではなく、われわれの人生もスケジュール化されていくのです。

王女様が逃げ出したように、私たちはスケジュールというものから逃れたいと思っています。王女様もいったん逃れたのですが、たった一日で戻ってきます。

『ローマの休日』の中に、「スケジュール」という言葉は三度出てきます。

一度目は、すでに述べたように逃げ出す前、二度目はローマの街で出会ったアメリカ人ジャーナリストが「スケジュール」という言葉を使ったとき。王女はジャーナリストの言葉に、拒否反応を示します。

ところが結局は責任を感じて宿泊先の宮殿に戻ったとき、王女はお付きの人たちに対し、自分から明日の「スケジュール」の話をするのです。

結局、スケジュールを受け入れていくための一日の休日だったという、教訓的に言えば、けっこう辛《つら》い映画なのかもしれません。

スケジュールというものから、王女様はたった一日しか逃げられませんでした。私たちも日本の社会で生きていく限り、もうそれから逃げられないのです。

6　家社会と隠居

昔は明確な定年はありませんが、現役を引退すると「隠居」としての生活が待っていました。そうなると跡継《あとつ》ぎに家督を譲って、好きなことができました。

昔の日本は家社会でした。家社会においては、家督という考え方があり、一番中心になる人間がその家を継いで、担《にな》っていくわけです。

江戸時代もそうでしたが、一九四七年に民法が改正されるまでは、家督相続の制度が生きていました。

そもそも相続の仕方が、家督制度の時代と現代とではまったく違います。自分の財産を遺言によって、一括してある人に相続させることができるのが、家督相続です。

したがって、家督相続の時代は、財産はすべて亡くなった当主から次の当主に受け継がれます。財産の中には、ある意味、女性なども全部入っていて、当主の許可を得ないと結婚もできないようになっていました。ですから、やむにやまれぬ駆け落ちや心中などが起こったわけです。

ところが一九四七年に法律が変わり、家督相続ではなく均分相続になると、遺言で自由にできるのは半分。あとの半分は、法律で定められる配分に従って法定相続しなければならなくなりました。

これで、家のあり方がすっかり変わりました。それまでは、家督相続というものがあるために、当主がある程度の年齢になったときに、引退して隠居していたのです。

それまでは家を守って、家に多大な貢献をしているわけですから、財産を受け継いだ新しい当主は隠居した前の当主の面倒も見なければいけないのは、当然でした。

隠居をして面倒を見てもらうのが当たり前でしたから、八十まで働くなどという必要はもちろんありませんでした。

ある程度の年齢になったら引退し、自由に活動することができたのです。井原西鶴《いはらさいかく》や伊能忠敬《いのうただたか》など、隠居してから本来自分がしたかったことに挑戦した歴史上の人物も多くいます。

または、旅に出たり、西行《さいぎょう》法師や松尾芭蕉《まつおばしょう》のように漂泊する。そういう人生のあり方もありました。

家督相続がある時代、家社会の中では、人生が明確にスケジュール化されていませんでした。隠居したあとも、生活の不安はあまり感じなくていいようにできあがっていました。つまり、老後の不安がなかったわけです。

そこが、いまと昔の社会の違いです。

ところで、いまの社会のほうがいいと多くの人が思っていますが、はたしてそうなのでしょうか。

実はそうした精神的な部分で考えていくと、老後の不安がない分、昔のほうが楽という部分があったように思います。

いまは昔流の隠居などできませんし、子どもが面倒を見てくれるというのは、なかなかなか難しくなっています。

だからこそ、「老後に備えて何千万」という宣伝文句が、これでもかとばかりに出てくるのです。

7　死後も現世とつながっていた時代

歌舞伎によく出てくる言葉に、「親子は一世、夫婦は二世、主従は三世」というものがあります。つまり、親と子の関係は現世《げんせ》だけですが、夫婦は現世と来世《らいせ》、あるいは前世《ぜんせ》と現世というほど長いというわけです。

そして主従、主人と家来の関係になると、過去、現在、未来というかたちでずっと続いていく――というのです。

こういう言葉が意味を成すということは、生まれ変わりがある、前世とか来世というものも、昔の人たちは実際にあると考えていたからだといえるでしょう。

本当にどこまで信じていたのかどうかはわかりませんが、日常会話の中でこういう言葉を使ったり、重要なときにこういう文句が出てくるのは、そういう観念があったということです。

いまでも前世を信じている人もけっこういますが、それとは少し違い、人間関係は現世だけに限定されないという意識を昔の人は持っていたのです。

いま、われわれが「一生」と言ったとき、現世だけのことと考えます。昔の人のほうが生きる時間はたしかに短いかもしれませんが、三世続く主従の関係、この関係は百年を超えることになります。百数十年くらい続くわけです。昔の人のほうが、意識という面ではよほど長生きをしていたのかもしれません。

現世ということでしか考えられない現代のほうが、たとえ寿命は長くなったとしても、実際には人生は短くなっているのかもしれません。

ですから、心中をするのも、あの世でちゃんと結ばれるためなのです。この世では障害があって夫婦になれないけれど、心中することによって次の世で一緒になろうと、身体を縛って死ぬ。来世を信じるからこそ、できる行為です。

殿が死ぬと、家臣が後を追って切腹する、「追《お》い腹《ばら》」というのも同じ思想です。次の世でも殿に仕《つか》えるために死ぬのです。「追い腹」は、幕府が禁じてもなくなりませんでした。その背景には、こういう考え方があったわけです。

昔の人は、いまよりも長いタイムスパンの中に自分が生きていると思っていた。いま、そういうふうに考えられる人たちはあまりいないのではないでしょうか。

もちろん、いまも生まれ変わり、輪廻《りんね》など、そういう思想を持つ人もいますが、意味合いがちょっと違う感じがします。かつては、当たり前のように、人の生は前世から現世へ、現世から来世につながるものだと、みんながそう考えていたわけです。

8　極楽浄土という思想

さらに昔の人は、死後の「時間」が続くだけではなく、いわゆる「あの世」があると考えました。西方極楽浄土というところに、生まれ変われると考えていたわけです。

特に念仏信仰、仏教の宗派で言えば、浄土宗と浄土真宗が中心です。

しかし、これらの宗派に限らず、「南無阿弥陀仏」という念仏を唱《とな》える習慣は、日本国民全体に広がっていきました。

なぜ、念仏を唱えるのでしょうか。阿弥陀仏がいる西方極楽浄土に、死んで生まれ変われますようにと、祈るわけです。いまは、仏教のお坊さんでも「浄土」があると信じているかどうか、かなり怪《あや》しいところです。

以前、浄土宗のお坊さんに会ったとき、いきなり「浄土はあるんですか」と聞いてみたら、絶句していました。

浄土宗の僧侶だった寺内大吉《てらうちだいきち》という方は、キックボクシングの解説をしたり、作家としても直木賞を受賞するなど多才な方でした。

その寺内さんが浄土宗の宗務総長だった時代に、「科学的に考えて浄土は存在しない」と発言し、浄土宗内で大騒ぎになったことがあります。トップが根本的な教義を否定したようなものですから、大変です。

ある意味、寺内さんは正直だったとも言えます。

心から、「絶対に浄土はある」と言い切れるお坊さんは、この日本にいったいどれだけいるのでしょうか。私は、いないと思います。それが現代なのです。

では、なぜ「西方極楽浄土に生まれ変われる」と思えなくなったのでしょうか。科学が進歩したという要因もあるとは思いますが、私はやはりスケジュール化された、デジタルな社会であることのほうが、大きいのではないかと思います。

人間の想像力が、そうした社会の仕組みに負けてしまって、来世にまで広がっていかないのです。死んだらおしまいの社会になってしまっているのです。

9　輪廻転生《りんねてんしょう》は本来「苦」だった

ちょっとここで、生まれ変わり、「輪廻転生」という思想について触れておきましょう。

インドの仏教は、永遠に輪廻していく「輪廻転生」から逃れたいということから始まっています。輪廻転生というのはあまりいいことではないのです。

インドの人は、来世において、必ずしも人間に生まれ変わるとは限らないと考えました。いえ、むしろ人間に生まれ変わることができるほうが稀《まれ》で、動物に生まれ変わることのほうがはるかに多いと考えたのです。

犬や猫、牛や馬はもちろん、ハエやカ、ゴキブリもありえると考えます。いま叩きつぶしたハエが、親の生まれ変わりかもしれない――。だからインドの人たちは殺《せっ》生《しょう》を避けます。

また、もし人間に生まれ変わることができたとしても、生きていくことは苦《く》であると、強く考えられていました。つまり輪廻転生すれば、苦の状態が永遠に繰《く》り返されることになるのです。

インドの人たちは、輪廻を断ち切ることが「解脱《げだつ》」である、悟《さと》りを開いて成仏することだと考えました。これが、仏教という宗教にインドの人々が期待を寄せた大きな原因でした。

ところが、こうしたインド的な輪廻転生の考え方は、中国には伝わりませんでした。いま、歴史として見れば、インドと中国は隣の国で、仏教がインドから中国に伝わるのは当然だと考えます。しかし、当時は飛行機がありませんから、隣国といえども、大変な命がけの旅が必要でした。なにしろ、インドと中国との間には、越えるのが難しい大山脈が横たわっていたからです。

中国からインドに渡った僧侶たちはたくさんいましたが、帰ってくるのは数人に一人でした。有名な三蔵《さんぞう》法師もその一人です。

それだけ地理的な隔《へだ》たりがあれば、文化、考え方もかなり違います。

10 「縁」とは何か

インドの人たちは、生きることは苦だという認識であり、生まれ変わりたくないと考えます。一方中国人は、生きていくことは苦だという考え方はそもそもなく、生を肯定しています。となると、生が繰り返される輪廻転生はいいこととして、中国では採《と》り入れられたのです。ここから浄土思想が生み出されていきます。

日本の仏教はそれを受け継いで、その傾向をよりいっそう発展させました。日本という国には、生きていくことは楽しい、生を肯定する思想がもともとあったのではないでしょうか。

こうした輪廻転生、生まれ変わりの思想を、現代の私たちは完全に失ってしまっています。

そうした背景の中から、近ごろ言われているのが「無縁」です。無縁社会、無縁死という言葉が、ここ数年出てきています。

仏教の世界観においては、「縁」というものが重要視されています。この場合の「縁」は、単に人間関係だけを指《さ》すのではなく、物事が起こったり、その物が生じる原因や条件のことを指しています。「縁起」や「因縁」というような仏教用語もあります。

仏教の基本的な教えとしては、「十二縁起」というものが重視されてきました。これは、生きることや老いること、そして死ぬことにまつわる苦がいかにして生じるのかを解き明かしたものです。そして同時にそこから逃れるための方法を示しています。

仏教では、人が救われる上において縁が重要である、と説いているのです。

「縁なき衆生《しゅじょう》は度《ど》し難《がた》し」ということばもあり、仏縁のない者は仏でも救うことが難しいという意味です。私たち日本人が縁を重視してきたのも、こうした仏教の教えがあるからにほかなりません。

無縁という言葉は、その字の通り「縁」から切り離されてしまうことです。「無縁社会」というのは「無縁死」、仏教用語を使わなければ「孤独死」が増えてきた社会を指すようになったのです。

第二章

無縁社会とは何か

1　無縁死は寂《さび》しい死なのか

無縁という言葉そのものは古い用語ですが、二〇一〇年にＮＨＫが「無縁社会」という番組を作って、話題になりました。

この番組の中で最も衝撃的だったのは、「年間三万人もの人が無縁死している」という事実でした。無縁死をした人の場合、近親者がいない、いてもすでに疎遠になっているケースが多い。ということは、無縁死した人間はそのまま「無縁仏」に直結していきます。

その数と、「無縁」という心が寒くなる言葉があいまって、番組を見た多くの人に衝撃を与えたわけです。

番組の作り方を冷静にみれば、詩的な映像や、情緒的な音楽を使って、見ている人たちの不安を煽《あお》ったものでした。

たしかに三万人以上の身寄りがない人が孤独のうちに死んでいく、というのは情報としてインパクトがあります。

一人、誰にも看取《みと》られないまま死んでいく。特に死んだ後に何日、あるいは何週間、下手《へた》をすると何カ月も経《た》って、腐乱した形でようやく発見される。それがとても恐ろしいことだという感覚は多くの人が持っていて、この番組を契機に、それが意識されるようになったわけです。たしかにそこまでいくと、けっしていい気分はしません。

けれど、本当に無縁死が寂しい死なのかどうか、それはよくわかりません。

いま、単身者世帯が増えています。昔は年を取ったら子どもの家族と同居するのが一般的でしたが、現代ではさほど多くありません。たいていの場合、子どもたちが巣立って夫婦二人だけで住むようになります。

その夫婦のうち、片方が亡くなり、一人になってしまう。それ以外にも離婚したり、いろいろな理由によって単身で住んでいる人がいますし、生涯一度も結婚しないまま単身で住んでいる人もいます。

たしかにそういう単身で住む人たちは、誰にも看取られないまま、気がつかれないまま死んでしまうケースが増えています。有名人にも、そういう例があったのでよけいに、その寂しさ、侘《わび》しさが意識されることになりました。

ひとつ確実に言えるのは、現代の人間は「死」そのものよりも、「死に至るまでの過程」に対して、大変な不安を持っているということです。

2　無縁死の増加は世界共通

私の書いた『人はひとりで死ぬ』（ＮＨＫ出版新書）という本は、私の本の中で唯一韓国語に訳されています。なぜ翻訳されたかというと、韓国でも「無縁社会」のようなテレビ番組が放送され、無縁死、孤独死ということが話題になったからです。韓国では、それに対して日本以上に恐怖を感じる人が多かったようです。

無縁死、孤独死することに対する恐怖が高まって、何とかしなければいけないという気運が起こり、私の本を急遽《きゅうきょ》出版することになったらしいのです。

「無縁死」への恐れは共通だと思うのですが、韓国と日本の受け取り方はだいぶ違うように思います。韓国では無縁死することは「人間としていかがなものか」というように、「あってはならぬこと」として受け止められているようです。

日本では、そこまでではない気がします。どうしても無縁死を防ごうという方向にまでは、来ていないような気もします。もちろん行政とか政府は対策を立てていますが、人を一人で死なせることに対して、罪悪感のような、切羽詰まった感じはないように感じます。

ただ、現実には無縁死する人たちは、どの社会でも急増しています。

日本、韓国でもそうですし、ヨーロッパやアメリカはとっくにそういう社会になっています。日本だとまだ親と同居することがあるけれども、アメリカなどでは親と同居すること自体を考えていない。ヨーロッパでも同じです。

はじめに紹介した『おみおくりの作法』が製作されたイギリスにも、そのような背景がもちろんあるわけですし、その他ヨーロッパの各国でもそうです。

ただ、いまのヨーロッパは、私たちが思い描くヨーロッパではなくなってきているのではないかと思います。

3　ヨーロッパのキリスト教離れ

大きな変化としては、キリスト教の教会との関係がたいへん希薄《きはく》になってきていることが挙げられます。毎週日曜日、教会の礼拝に参加するような信者はかなり減ってしまっています。

YouTube上に、「Empty Church」という映像があります。この映像は、まず誰も座っていないズラリと並ぶ椅子《いす》が映し出されます。次第に、その列の前のほうにカメラが向かうと、ずっと先のほうにやっと十数人くらいの人がいるのがわかります。その人たちしかミサに参加していないのです。だから「からっぽの教会」とされているわけです。

これは、「教会離れ」を象徴する映像です。

ドイツ、あるいは北欧もそうですが、国教会の制度などがあるキリスト教の国では、「教会税」があって、所得税のほかに教会に税金を納めなければいけません。ところが、いまでは、みんな教会税を払いたくないので、教会を抜けてしまいます。若年層は特にそういう傾向が強くて、急増しているようです。ですから、キリスト教の教会のメンバーであるという人自体が、どんどん減っています。

その代わりに、イスラム教がどんどん入ってきています。これは移民の増加によるもので、さらにその二世、三世が増えているわけです。街によっては半分くらいがイスラム教徒で、白人が少数派になっているようなところもあります。

ヨーロッパの社会は変わり、教会を通してのコミュニティ、いわばこれまでの社会の「基盤」がどんどん弱まっています。当然、孤独死のような形も増えているのです。

こうしてヨーロッパなどでも、孤独死は増えているのですが、それをあまり恐れていないようです。

こういう言葉が実際に使われるのかはわからないのですが、イギリスなどでは「覚悟の孤独死」という考え方があるようです。

『おみおくりの作法』の主人公も、一人暮らしですが、自分が孤独死すると覚悟しています。覚悟がオーバーならば、少なくともそれを想定しています。家族と同居しない社会であれば、当然そういう形になってきます。そういう社会がすでにできあがっているので、彼らには「人間死ぬときは一人」という気持ちがあるのでしょう。

アジアも、どんどんヨーロッパ社会に近づいていますが、まだ家制度が根強く残っています。だからこそ、「孤独死」を恐れる、嫌う傾向が強いのかもしれません。

4　ますます増える単身者世帯

日本の単身家庭の数は、どんどん増えています。「おひとりさま」という言葉も生まれ、結婚していない三十代以上の女性が珍しくなくなりました。彼女たちは経済的に自立しており、消費行動についても積極的です。

従来、女性は一定年齢に達したら結婚すべしという不文律がありました。事実、多くの女性は結婚し、子どもを産《う》んできました。女性が仕事を持ち、生活を維持することは、社会的に難しかったのです。また、結婚せずに暮らす女性に対する風当たりも厳《きび》しかったことでしょう。

しかし現代は、男女の雇用機会に差別はありません。結婚する、あるいは結婚せず働く、あるいはいい人がいれば結婚する、というように選択肢の幅が広がりました。結婚は「しなければならない」ことでなくなったわけです。自然と未婚率は高まりました。また結婚するとしても晩婚化が進みました。

結婚したとしても、かつてのように、夫にひどいことをされてもじっと我慢するという女性はほとんどいません。働く場はあるのですから、離婚して自由になったほうがよっぽど幸せです。自ずと離婚率も高まりました。

ただ、もし結婚せず、いわゆる「パラサイト」という形で親と同居していても、親が先に死ねば、結局一人暮らしになります。

たとえ結婚して子どもを産んだとしても、子どもの家族と同居しなければ、結局夫婦だけになります。そして、女性のほうが長生きすることが多いので、女性のほうが一人暮らしになる確率は高くなります。

単身者世帯の統計を見ると、男性では二十代くらいがピークなのですが、女性の場合は七十歳以降がピークになるのです。女性が最後に一人残って、暮らしていくことが多いわけです。

5 孤独死は男のほうが多い

ただし、注目すべき統計があります。

二〇一二年に東京二十三区で孤独死したと思われる人は四四七二人です。男女別に見ると、男性が三〇五七人で、女性が一四一五人でした。つまり女性は一人で住んでいても、周《まわ》りにネットワークがあるのでしょう、「孤独死」はしにくいのです。一方、男性の一人暮らしの場合、近所づきあいもなく、「孤独死」につながることが多いのです。

この問題は『人はひとりで死ぬ』の中でも考えてみましたが、戦後、多くの人が家のしがらみが強い農村社会から都会に出てきました。都会の暮らしも家が一つの単位にはなっていますが、核家族です。子どもと親だけでできあがっているわけです。核家族での生活のほうが、村共同体の絆《きずな》の強い、つまりは規制の強い社会よりも気が楽です。それがよいと思って選んだ結果ですから、そんなに「孤独死」を恐れることはないのではないでしょうか。

病院にいても、施設にいても、最終的には誰もが一人で死ぬ「孤独死」なのです。ただ、それがどれくらい経って発見されるか、問題はそこだけだとも言えます。

私の父の場合ですが、家族に見守られて息を引き取りました。ただ、すでに痛み止めのモルヒネを打たれていたので意識はほとんどなかったと思います。見守られていても、本人にはその自覚がありませんでした。誰かに見守られて死ぬほうがいいと言っても、現実はそうした形になるわけです。

結局、人は誰しも一人で死んでいくのです。死んでしまえば「寂しい」という感情も何もありません。

「孤独死」は家で死ぬ、ということですから、死ぬまでは元気だということが前提です。死んだ後のことを考えなければ、実は「ピンピンコロリ」であり、理想的な死に方なのかもしれません。
どうしてもそれがイヤなら、せめて新聞を取ることです。新聞が溜まりに溜まれば、さすがに誰かが見つけてくれるでしょう。

6 無縁死は自由だった証《あかし》

無縁社会と対極にあるのが、村社会です。村社会にいれば、さまざまなしきたりや行事が共有され、人が死ねば葬式組の人たちがすべてを仕切ってくれます。まさに「有縁《うえん》社会」です。もちろん孤独死などはありえませんが、縛られることが多いのも事実です。

無縁社会の到来に衝撃を受けた人も、そうした「有縁社会」に戻りたいかと聞かれたら迷うのではないでしょうか。

村には菩提寺《ぼだいじ》があり、それぞれの家はその檀家《だんか》になっています。村の名家は檀家総代などを務めることになり、たくさんのお布施《ふせ》をします。村に生きるということは、それを支える社会的な秩序の存在を意識し、そこから食《は》み出ないようにすることを意味します。

人が孤独には死なない、ということは「孤独に死ねない」の裏返しです。冠婚葬祭は村全体の行事ですから、参加しないことはありえません。檀家を辞めることは、秩序を乱すことですから、信教の自由が許されないことでもあります。束縛《そくばく》されたくなければ村を離れることになり、「無縁」社会に出て行くことになるわけですが、そうなれば縛られることはありません。それは、まさに自由を求めることでもあります。

他者との強いつながりのなかで自由に生きることが理想なのかもしれませんが、それは容易に実現できることではありません。

そういう意味で、「孤独死」「無縁死」は自由を求めて力強く生きたことの証《あかし》と言えるのかもしれません。

7　無縁死は時代の必然

いまでは、無縁死、孤独死を防ごうという対策がとられるようになっています。

たとえば高齢者が多い団地の中で、自治体が見回りを強化し、亡くなっていたり、誰にも知られず病気で臥《ふ》せっているケースをなくそうとするのです。

地方自治体でも、単身の高齢者世帯を巡回したり、増え続ける孤独死を防ごうという努力がされています。

けれどもそうなると、人手と予算が確実にかかるのです。国や地方自治体の財政は危機的な状況にあり、そして今後団塊の世代が死を迎える時代となります。たくさんの人が死んでいく時代に、莫大な予算を使うことは事実上不可能でしょう。

これまで書いてきたように、そもそも無縁死、孤独死を即、不幸で悲惨な死とするのは違うと思います。

もちろん、防げるものなら防いだほうがよいでしょうが、「完全ゼロ」を目指すのも無理があります。

無縁死が増えてきたのは、戦後の都市化、産業構造の変化、さらには女性の社会進出などさまざまな要因が積み重なってきたからです。

それはけっして日本人にとって不幸なことではなく、言ってみれば時代の必然でした。

だからこそ、無縁死は『おみおくりの作法』の映画にも見られたように、日本だけの現象ではないのです。

8 無縁を求めた人たち

田舎は、有縁社会そのものです。

高度成長時代、一九五〇年代後半から六〇年代は、前にも書いたように、農家の次男、三男などは仕事を求めてやむにやまれず都会に出てきました。農地は限られており、それを兄弟で分けてしまえば、農家は小規模化し衰退していってしまいます。長男が、農地と家を継ぐのが一般的だったのは当然です。

集団就職も、ごく当たり前に行なわれていた時代です。彼らの場合は自ら故郷を捨てたというよりも、逆に故郷にいられないから出て行ったといえるでしょう。

さらに経済が発展し豊かな社会になると、次第に田舎では得られない職業、新しい暮らしを求め、望んで都会に出る人が増えていきました。

都会の暮らしが快適なものになるにつれ、地方で暮らす人々の間に、都会への強いあこがれが生まれるようになったのです。

何よりそこには、自由がありました。

田舎のような「有縁社会」は、冠婚葬祭はもちろん、祭りなどの行事もすべて共同作業です。農作業も互いに助け合わなければなりません。助け合いはいい部分も当然あるのですが、縛られるということでもあります。

勝手が許されない社会です。

その時代、多くの人々は進学なり、就職する際にあえて「無縁社会」を求めたのです。

無縁になることは束縛から解放されることであり、自由な暮らしを実現するための条件であったのです。

もちろん、それが必ず幸せになれる道だというわけではありません。けれど、有縁社会、すなわち田舎にいる間は、用意された人生を歩むことしかできない。生きる道は限定され、そこから簡単に逃れることはできませんでした。

リスクはあっても、可能性を求めるならば、自分が住んできた世界を離れるしかなかったのです。

現在、「無縁社会」を論じるときに忘れられがちなのは、それが「自由」と表裏一体だったという、この点なのです。

9　都会における有縁《うえん》

都会に出た人たちは、既存の縁は捨てたかもしれませんが、もちろんすべての縁を不要としたわけではありません。

都会でも、職場や学校で、新たなネットワークを築こうとします。

特に日本の「企業」は、縁をひじょうに大事にしました。よく「日本型経営」と言われますが、終身雇用、年功序列を基本としています。

一度その企業に就職すれば、定年まで勤務し、給与は年齢とともに上がっていく。この論理でいくと、自ずと企業も共同体としての性格を持つようになります。一つの企業にずっと所属することで、安定が得られ、それが幸福にも結びつくのです。

だからこそ、日本の企業は「村」にたとえられてきました。葬式に関しても、村社会と同じように、社員や社員の家族が亡くなったときに仕切る「葬式組」のような役割を企業が果たしてきたのです。

「社葬」という独特のシステムがあるのも、日本くらいです。社葬は、単に死者を葬り、悼《いた》むための儀式ではありません。社葬で喪主を務めるのは故人に代わって次に経営を担う後継者です。世代交替を世間に知らしめるイベントでもあるわけです。

上司が部下の見合いの世話をする、ということもごく普通に行なわれていました。

その結果、結婚することになれば、媒酌人は上司、同僚も多数参列するという一種の社内行事になります。

社員旅行、社員の運動会なども行なわれました。

こうした日本企業の仕組みは、都会に出てきたことで無縁になった人間たちに新たな「有縁社会」を与えたのです。

ただし、現代の企業で、そうした面は薄らいできました。終身雇用、年功序列も減ってきましたし、見合いの世話どころか、会社の行事はまず社員が嫌がるようになってしまいました。

その他、地域に町内会、自治会もありましたし、子どものいる家庭では、学校でのPTAの組織などもあります。

現代の社会では、これまでの村社会における縁とは違う形で、いったん無縁になった人たちに縁を与える仕組みが作られたのです。

そうした「有縁化」の試みがされなければ、都会に出て来た人たちの心の拠《よ》り処《どころ》は得られなかったことでしょう。

都市化が、そのまま「無縁社会」を意味するわけではないのです。
私たちは、その点も忘れてはならないでしょう。

10 葬式とは何か

孤独死をして、身寄りの者が葬式を出さないという場合、葬儀社の費用は行政から出ることになります。葬式は、火葬場で葬儀社の職員が行なって終わりです。それが「直葬《ちょくそう》」というものです。

この「直葬」は以前からあったのですが、ＮＨＫの番組「無縁社会」で紹介されました。

ひとりで亡くなり、近親者が遺体を引き取らなかったために、葬儀社の社員二人だけが見送って火葬されるのです。

家族も参列者もいないまま、火葬場で死の儀式が営まれます。葬式というよりも、遺体の処理に限りなく近く、視聴者に衝撃を与えました。

ところが、この「直葬」で死者を葬るケースが増えているのです。行き倒れでもなければ、孤独死でなくても、首都圏では現在行なわれる葬儀の四分の一が直葬になっています。

番組を通して「直葬」を知ったことをきっかけに、潜在的にそうしたいと思っていた人が直葬を選択するようになったのかもしれません。

いまは、葬儀社も「直葬」をメニューにしていますから、これを選択しやすくなりました。

この「直葬」に近い言葉として「密葬」がありますが、一般の人の場合には「密葬」とは言いませんでした。

著名人だからこそ「密葬」なのです。著名人の場合には、密葬のあとにお別れ会のような会を行なうことが前提になっているわけです。

「家族葬」というのは、「密葬」に限りなく似ていますが、「家族葬」は家族だけでやって終わりです。いま、家族葬も葬儀社のメニューに入っており、費用が安くて済むというイメージもあって、葬儀の中心を占めるまでになっています。

いずれにしても現代は、会社ぐるみの葬式も少なくなりましたし、公職選挙法の規定もあって、政治家も参列できません。地域のつながりも希薄です。

こうした社会のあり方が変わることによって、個人の「死」は共同体の中での「死」ではなくなってきています。そうすると、多くの人たちが共有する必要がなくなり、孤独死、無縁死でなくても、葬儀というものがどんどん簡素なものになってきているのです。

11　葬儀不要を説いた人たち

葬儀という儀式への疑問は、かなり昔からありました。

近代に入って、最初に公然と主張したのが自由民権活動家であった中江《なかえ》兆民《ちょうみん》でした。

兆民は一八八七（明治二十）年に「葬儀無用論」を唱え、一九〇一（明治三十四）年には喉頭ガンの宣告を受けました。その後書かれた『一年有半』『続一年有半』で、

「霊魂の不滅や神などといった存在は観念的なものにすぎない」として、唯物思想を唱えたのです。

「葬式など不必要だ。死んだら火葬場におくって荼毘《だび》にしろ」という遺言に従い、遺体は解剖され、墓も建てられませんでした。

ところが、その後意外な展開となります。

兆民と親交のあった板垣退助《いたがきたいすけ》や大石正巳《おおいしまさみ》らが、兆民を偲《しの》ぶため、宗教上の儀式にとらわれない「告別式」なるものを開くのです。

これが、現在も使われている「告別式」の始まりです。

「葬儀、告別式」と言いますが、「葬儀」は僧侶がいて、その後僧侶なしで「告別式」を行なうのは、この名残なのです。

中江兆民は儀式そのものを不要としたのですが、かえって「告別式」という別の儀式を生み出してしまいました。歴史の皮肉といえるかもしれません。

夏目漱石《なつめそうせき》もまた、「墓碑も建ててもらうまい。肉は焼き骨は粉にして西風の強く吹く日大空に向かって撒き散らしてもらおうなどといらざる取越苦労をする」と、小説

『倫敦塔』の主人公に語らせています。

ここで注目したいのは、わざわざ「西風の強く吹く日」と書いていることです。西風が吹いていれば、遺灰は東の方向に飛んでいきます。

仏教では、死者は西方極楽浄土で往生すると説きます。西方極楽浄土は西の方角にありますから、西風に遺灰を乗せれば西方極楽浄土には行けないことになります。

漱石は、西方極楽浄土で往生することを望まなかったのです。

夏目家の菩提寺は浄土真宗の寺なので、西方極楽浄土で往生することを説くわけですが、漱石はこの寺を嫌っていました。

けれど、結局漱石の葬儀は盛大に行なわれ、立派な墓も建っています。

これを漱石が見たら、どんな顔をするのでしょうか。

12 簡素化していく葬儀

その後も、戦後になると太田《おおた》典礼《てんれい》という医師が、「葬式を改革する会」を結成し、

『葬式無用論』という本を刊行しています。

一方、太田典礼は安楽死を提唱し、「日本安楽死協会」も設立します。これについては第三章で詳しく紹介しましょう。

近代に入ると太田以外にも多くの葬儀無用論が登場しますが、葬儀はなくなっていません。一九八〇年代のバブル景気の時代は、むしろ派手になったくらいです。「無し」とまではいきませんが、近年になると簡素化が急速に進みます。先に書いた「家族葬」「直葬」はその現われです。

これまで当たり前だった「葬儀」のあり方は大きく揺らいでいますが、ひとつ確実に言えるのは、葬儀にお金をかけなくても、故人を冒瀆《ぼうとく》したことにはならないという認識が一般に広まりつつあることです。

お墓の問題もあります。

日本には「墓地、埋葬等に関する法律」というものがあり、その第四条に「埋葬又は焼骨の埋蔵は、墓地以外の区域に、これを行ってはならない」と規定されています。つまり、遺骨は墓地に葬らなければならないというわけです。

ところが、現代では墓を持たない家が三五・六パーセントにも上るのです（日本消費者協会の二〇一〇年の調査）。

遺骨を墓地に葬らなければならないと法で定められているからには、この約三割の家は墓を買わなければなりません。

ところが葬儀と違って、墓は買ったら終わりというわけにはいかないのです。買うだけでも都会では大変なことですが、その後も大変です。お参りをして墓掃除をする、いわゆる「墓を守る」ことが必要になります。

墓を守る子孫がいない人はどうすればいいのでしょうか。「永代供養」込みなどという墓所もありますが、義務として僧侶に供養されても虚《むな》しい気もします。

13　火葬と土葬

映画『おみおくりの作法』にも登場しましたが、イギリスは土葬がいまだ二十数パーセント行なわれています。

二〇〇九年から二〇一〇年の統計によれば、火葬はスイスでは八五・一八パーセント、アメリカは四〇・八二パーセント、フランスはなんと三〇・〇九パーセントでしかありません。アメリカ、フランスではまだ土葬のほうが主流なのです。

日本の「火葬率」は、九九・八九パーセントにもなります（二〇一一年度、厚生労働省「衛生行政報告例」）。

火葬のあとには骨が残ります。

よく、日本人は骨に執着するといわれますが、ほんとうでしょうか。

まず東日本と西日本で違いがあります。

東日本は「全骨収骨」で、その分骨壺も大きい。対して西日本は「部分収骨」で、三分の一、または四分の一くらいしか持ち帰らないのです。理由はわかりませんが、西日本のほうがあっさりしていると言えるかもしれません。

また、太平洋戦争戦死者の遺骨収集事業が「骨への執着」の象徴のように言われます。

しかしこれは無念の死を遂《と》げた戦死者をなんとか悼みたいという現われであって、

やや違う意味を持つと感じます。

骨への執着という意味では、中世ヨーロッパのほうがかえって強烈でした。それぞれの教会には聖人の遺骨が祀《まつ》られ、聖遺物と呼ばれました。そして教会同士でその売買が行なわれたり、掠奪もありました。

そもそも日本人は土葬文化を持ち、遺体は村の共同墓地でみんなが同じ墓に埋められていました。元来、骨への執着を持ちようがなかったのです。

14　葬儀の形は時代の必然

いずれにしても、葬儀、墓の問題は、法律も含めて見直さなければならない時代になっています。

なんのために葬儀を営み、墓を建てるのか。現代社会では、その意味が曖昧《あいまい》になっています。

私も親族を亡くしたときに経験していますが、八十代、あるいは九十代ともなれば、すでに故人の友人、知人の多くは亡くなっています。存命だとしても、葬儀に参列するのが難しい状態であることが多いわけです。

多くの人が八十、九十代まで生きる現代、大々的に人を集めて故人の死を悼む儀式がどれほど必要とされているのでしょうか。

肉体の死はある瞬間のできごとですが、「社会的な死」はそうではありません。まずは仕事を引退し、付き合いのあった人たちとも徐々に関係が希薄になっていくものでしょう。

そういう意味では、生と死の境目は曖昧なものになりつつあるといえます。

社会的な関係がおおかた切れてしまっている人が亡くなったとき、家族にとってはもちろん重要でも、周囲に与える影響は大きくはありません。

葬儀も家族のみでこぢんまりと行なう、という流れが自然なのです。

葬儀の簡略化は、時代の必然なのです。

第三章

安楽死と尊厳死

1　ある米国人女性の死

二〇一四年十一月一日、アメリカ人女性のブリタニー・メイナードさんが亡くなりました。彼女の死が世界中の話題になったのは、末期の悪性脳腫瘍と診断され、自らの意思で死を選んだこと、そしてその日にちまで含めてネット上で予告していたためです。

医師からは余命半年と宣告され、頭痛にも苦しめられていたといいます。

「安楽死」、または「尊厳死」ということになります。その呼び方については難しい問題があるので、後ほど改めて考えたいと思います。

彼女はオレゴン州で、医師から処方された薬物を服用して意思を全《まっと》うしました。

アメリカでは州によって法律が違うため、メイナードさんは、尊厳死が認められているオレゴン州にわざわざ引っ越しました。オレゴン州では余命六カ月未満で責任能力のある末期患者が、医師から処方された薬を自分で投与し、死を選択することが認められています。

「The Oregon Death with Dignity Act」、尊厳のある行動を伴った死を認めている州として有名です。

メイナードさんがネットで予告映像を流すと、またたく間《ま》に世界中の話題となりました。多くの人たちがさまざまな意見を寄せました。

決行を延期するのではないかという報道もありましたが、結局予告通り十一月一日に自宅で家族に見守られながら、薬を服用して亡くなったのです。

オレゴン州では、一九九八年に尊厳死を認める州法が制定されてから、二〇一三年末までにすでに七五二人の人たちがこの法律に基づいて自ら死を選んでいます。

アメリカで尊厳死が認められている州は、ほかに、ワシントン州、モンタナ州、バーモント州、ニューメキシコ州などです。

アメリカ以外の国では、スイス、オランダ、ベルギー、ルクセンブルクです。

オランダ、ベルギー、ルクセンブルクは歴史的に密接な関係のあるベネルクス三国になります。最初にアメリカに渡った清教徒も、オランダから来た人たちでした。プロテスタント、清教徒の信仰と尊厳死を許す土壌――これは偶然のつながりではないのではないかと思います。

2　尊厳死先進国オランダ

特に、安楽死、尊厳死が進んでいるのはオランダです。「葬送の自由をすすめる会」の会報『そうそう』に掲載された、社会学者の楾島《ぬでしま》次郎《じろう》さんのレポートを参考に紹介しましょう。

オランダでは二〇〇二年、いまから十三年前に安楽死を認める法律が制定されています。

そもそもオランダには、ホームドクター（家庭医）の制度があります。公的な健康保険に入るには、資格のある医師一人と契約しなければなりません。

日本でも、私が子どものころには、家庭ごとにかかりつけの医者がいるのが当たり前でした。病人が病院に行くのではなく、往診が多かった。いまでは往診もほとんどなくなり、かかりつけ医がいる家庭も少ないでしょう。

オランダでは、その「かかりつけ医」を持つことが法律上定められているわけです。

一般的に、自ら積極的に死を望む「自殺」ではなく、延命措置を中止する行為が尊厳死、あるいは安楽死と捉えられています。

本人がその意思を示せば、この延命措置の中止を、家庭医が進めてくれることになっています。

さらにオランダでは、不治の病でなくても本人が「もう生きるのは嫌だ」と思ったら、家庭医に頼むと死なせてくれるのです。

死にたいと思ったら、家庭医に相談するわけです。もちろん、意思が変わることもありますから、ほかの医師にも面接してもらうというやり方をとっています。

衝動的なものではなく、本当の覚悟があると認められれば、死なせてもらえるわけです。

ほとんどの場合、本人の自宅あるいは入所している介護施設などで、致死量の麻薬、麻酔薬、筋弛緩剤などを投与され苦痛なく死ねます。医師はそれを最後まで見届けるのです。

安楽死には、消極的安楽死と積極的安楽死というのがあります。延命措置を中止して死に至るというのが消極的安楽死で、致死薬を与えて死なせるのは積極的安楽死です。オランダの場合には、積極的安楽死まで認められているということになります。

これが、先ほど「尊厳死が進んでいる」と書いたゆえんです。

メイナードさんが亡くなったオレゴン州の場合と違うのは、オレゴン州では医師が薬を渡して、あとは本人が自分で服用することになります。

そうなると、本人が思いとどまる場合もあるわけです。

一方、オランダの場合は医師が責任を持って、仕事として最後まで実施することになります。

3　進むオランダの「死の自由」

さらに、最近のオランダでは医師が関与しない「自己安楽死」というものが広がりつつあるといいます。

当初は、家庭医に安楽死を認めてもらえなかった人たちが考えたようです。もし本人が死を望んだゆえの結果だとしても、医師としては、要するに合法的な殺人をするわけですから、そう簡単に認めたくないという気持ちがあり、断わる医者もいます。また、家庭医として長年の付き合いがあれば、医師個人の感情として「そんなことやめなさい」と言いたくなるでしょう。

家庭医は決められていますから、死にたいという本人の意思が満たされないケースも出てくるわけです。

そういうときは、医師や家族と話し合いをするのですが、それでも死にたいという場合は「自己安楽死」へ向かうのです。

自己安楽死をしたい人のための支援団体があり、医師を介《かい》さずに致死薬を入手する方法、周りの人への配慮、実際の手順などのハウツーをウェブサイトに公開しています。

もちろん周りの人が自殺幇助《ほうじょ》になって罰せられる恐れがあるので、最後には別室に出てもらうなどの工夫がいります。

すすめられている方法は、肉などを冷凍する樹脂の袋を頭から被《かぶ》って、風船を膨《ふく》らませるヘリウムガスを吸うやり方だそうです。私は実際見ていませんが、ウェブサイトに模擬実演動画付きで出ているようです。

オランダの場合、いまそこまで進んでいるということです。

オランダのアムステルダムには安楽死病院、エンドオブライフ・クリニックというのがあり、「出張安楽死サービス」まであるそうです。

オランダでは、安楽死であっても自己安楽死でも、家族や親しい人たちと話し合い、彼らに囲まれて死んでいくそうです。その点では、一人で死んでいく自殺とは別物です。たしかに、延命措置が施《ほどこ》され意識もないまま、病院でさまざまな管《くだ》につながれて死んでいく死と、どちらがよいのだろうと考えざるをえません。

オランダは大麻や売春が合法とされていたり、世界のさまざまな国々の中で、個人の自由を認めるということが一番進んでいる国といえるのかもしれません。

ちなみにアメリカの場合、末期ガンの患者が延命措置を拒否して死を選ぶという決定をしたとき、医師が致死量の薬を渡すプログラムを持っている病院があります。ただ、渡された薬を使うかどうかは本人に任されています。医者は薬を渡すだけ、オランダと違って「執行」はしません。

二〇〇九年から一一年までの間、このプログラムを選んだ患者のうち、実際に自分で薬を飲んで亡くなった人は全体の六割だったそうです。四割は思いとどまったか、自分で飲む力もなく死んでいったということです。

4 尊厳死と宗教

前にも書いたように、ヨーロッパのキリスト教離れは急速に進行しています。

宗教というものは、個人の自由意思を必ずしも認めません。人は神によって創造されたもので、神は唯一絶対です。この世は、神の計画によって動いているという考え方が、基本にあるわけです。

人間が生きているということも、単に偶然生きているのではなくて、神の計画に基づいて生きているという考え方になるわけです。ですから、自殺も伝統的にいけないとされてきました。アメリカなどでは、人工妊娠中絶を巡っても、それは神に背《そむ》くことだと反対の意見を持つ人が少なくありません。

ところが、その神という存在が信じられなくなってしまうと、人間はただ生きている存在で、死ぬのも自由ということになってしまいます。

キリスト教がきちんと社会で機能している時代は、常に「神の意思」が問題になっていたのですが、最近のヨーロッパではそこから完全に解放されてしまった。

世俗化が進行しているがゆえに、すべて自分の意思、個人の意思というところに還元されるわけです。その人がいいと思ったことがいいことであって、個人の意思を阻害する、あるいは規制することは間違っているという考え方になってきます。

本人が死にたいと思っているのだったら、死ぬ権利がある、本人が麻薬をやりたいというのであれば、たとえどんな悪影響があるにしても、それは満たされなければいけないというわけです。

5 日本の自殺激増の原因

振り返って、日本はどうでしょうか。

安楽死問題の前に、日本の自殺者数増加が問題となってきました。一九九八年以降、十四年連続で三万人を超える状態が続きました。二〇一二年の自殺者数は、やや減少し十五年振りに三万人を下回ったものの、いまも社会的な問題であることは変わりません。特に二十〜三十代の死因では自殺がトップなのです。

日本の自殺者が大きく増えたのは、一九九七年くらいからです。一九九七年というのは金融危機と言われた年でした。それまではバブル崩壊といっても、所得はずっと伸び続けていたのです。ところがこの年、拓銀の破綻《はたん》、山一證券が自主廃業するなど、日本経済は暗黒の時代を迎えます。

特に中高年男性の自殺が増えたので、日本の自殺増加は経済状況が大きく関係していると説明されてきました。

実は過去に自殺が増えている時期というのは、日本の戦後社会で二回あります。一つは高度経済成長が始まった時代です。そして、バブル期です。だから一概に経済状況が要因とは説明できない気がします。

たまたまかもしれないし、その意味はもっと深いところにあるのかもしれません。日本は、長く生きられる社会になっています。逆に言えば、なかなか死ねない社会であり、死ねないということと自殺の増加は関係があるのではないでしょうか。少なくとも、単純に経済の悪化だけを自殺の原因とするわけにはいかないでしょう。

6　日本の安楽死

ではその日本では、「安楽死」「尊厳死」を取り巻く状況はどのようなものでしょうか。

日本は、オレゴン州やオランダのように尊厳死を認めるような状況にはなっていません。ただ、「尊厳死」を推進する団体として、「一般社団法人日本尊厳死協会」があります。

この協会は一九七六年に設立され、尊厳死法の制定を一貫して目指しています。その案として第一条に「この法律は人生の終末期にかかわる判定、患者の意思に基づく延命措置の中止等、およびこれにかかわる免責等に関し、必要な事項を定めるものとする」と、あります。

つまり、消極的な安楽死、尊厳死だけをターゲットにしている法律なのです。そして本人の意思で延命措置を中止しても、それによって医師が刑事責任を問われないところに比重が置かれています。ですから、会員も医師が多くなっていて、理事長も医師であり、厚生労働省の元医療官僚です。

尊厳死法は、なかなか国会に上程されません。その背景には、実は障害者団体からの強い反対があります。その理由については、協会の成り立ちまでさかのぼらなければばなりません。

7 「日本尊厳死協会」の歴史

この協会が一九七六年に設立されたとき、そもそもは「日本安楽死協会」という名称でした。そのとき中心になったのが、すでに触れた太田典礼という人物です。この人は産児制限や産児調整運動を推進した産婦人科の医師で、太田リングという避妊具の発明者です。戦後になって、優生保護法の提案もしました。

太田が初めて安楽死について言及したのは、一九六三年八月のことです。雑誌『思想の科学』に、「安楽死の新しい解釈とその合法化」という文章を発表しています。

そのとき太田は、安楽死の立法化について、以下のような点を述べていました。

○苦痛を和《やわ》らげることを主目的とするもので、死期を早めることを目的としない。

○したがって使用するのは、麻薬あるいは睡眠薬、精神安定剤である。
○ただし、その使用の結果、身体に負担がかかり、生命を短くする危険があっても、それにこだわらない。

いわば、いまで言う緩和医療のようなものを考えていたわけです。「延命のための処置も十分に施す」とも書いていますから、消極的安楽死ですらありません。この提案から、すべてのことは始まっています。

太田は、一九六八年にほかのお医者さんたちとともに「葬式を改革する会」を結成しました。葬式は無意味であるという考え方で、これは拙著『0葬』（集英社）の中でも紹介しています。刑法学者の植松正《うえまつただし》も会員でしたし、同じく会員である泌尿器科医の稲田務《いなだつとむ》と太田が編者となって、『葬式無用論』という本も出しています。

「葬式を改革する会」を作った翌年、太田は、ふたたび『思想の科学』に「老人の孤独」という文章を発表しています。

「社会に迷惑をかけて長生きしている者も少なくない。ただ長生きしているからめでたい、敬えとする敬老会主義には賛成しかねる。ドライな言い方をすれば、もはや社会的に活動もできず、何の役にも立たなくなって生きているのは社会的罪悪であり、その報《むく》いが孤独であると、私は思う。老人孤独の最高の解決策として自殺を勧めたい」

「数年前、本誌で安楽死論を載せたが、さらに一歩進めて自殺を肯定しよう。自由思想によれば、自殺は個人の自由であり、権利でさえもある。老人がもはや生きている価値がないと自覚したときに自殺するのは、最善の社会的人間的行為である。老人は治る見込みのない一種の業病である」

「まだ自覚できる脳力のある間に、お遍路に出るがよい。老人ぼけしてからでは、その考えも気力もなくなってしまい、いつまでも迷惑をかけていながら、死にたくないようなことを言うからである。

一番よいのは国外へ出ること、そして未開民族の仲間に入れてもらうことである。パスポートを捨てて、いくらかの土産と金を持って行けば歓迎してくれる。そこで行き倒れになれば、適当に始末してもらえる。私はこれを望んでいる」

当時としては、かなり過激な主張でした。

8　安楽死と尊厳死

その後太田は、一九七二年に共著で『安楽死』を、七三年に単独で『安楽死のすすめ』を出版しました。その主張は、「延命措置を中止、軽減する消極的措置」、すなわち消極的安楽死を適用行為に加えるというものでした。

適用条件に「死期の遠い不治」を挙げ、その範囲を中風、半身不随、脳軟化症、慢性病、寝たきり、老衰、その他、植物的人間と拡大していき、そうした人たちに安楽死という「権利」を認めるというところにまで踏み込んでいきます。

こういう太田の思想のもとに、「日本安楽死協会」が設立されました。そのため「精神障害、心身障害の人たちを葬ってもよい」と拡大解釈される可能性があるという理由で、根強い反対意見があるのです。

もちろん、いまの協会が上程しようとしている法案はそのような性質のものではないのですが、「日本安楽死協会」という団体として始まったという出自ゆえに、法制化はなかなか進んでいません。

太田は最初、「安楽死」という言葉を使っていました。「尊厳死」という言い方を、むしろ宗教的だと嫌っていました。

けれどもなかなか安楽死が理解されないということで、その主張を捨てて「尊厳死」という言葉を使うようになりました。

要するに「安楽死」と言うと、誰かがその人を死に至らしめることを指します。すると、どうしてもナチスのユダヤ人虐殺問題が想起されてしまう。優生思想に対する批判も強い。だからこそ、安楽死ではなく、尊厳死という言葉を使うようになったのです。

9　ヤマギシ会と太田典礼

最近、太田典礼が、私が学生時代参加していたヤマギシ会と関係しているということとを知りました。

ヤマギシ会は、『思想の科学』に掲載されていた太田の文章を見て、太田にアプローチしたようです。

その後、太田はヤマギシ会の特別講習研鑽会、会員の間では「特講」と言われる研修会に出たり、講演などをしました。

ヤマギシ会はいまは農事組合法人の形をとっていて、実質的に日本一の規模を誇っています。肉や卵、野菜や、その加工食品を作っている組織です。もともとは一九五三年に、山岸《やまぎし》式養鶏法普及会としてスタートしています。リーダーの山岸巳代蔵《みよぞう》は養鶏家であり、独自の養鶏法を広めるという運動として始まったのです。

ただ、社会の改革にも非常に興味を持っていた人なので、理想社会としての「ヤマギシズム社会」を唱えるようになります。

山岸は、研鑽会と呼ばれた研修会を行なう上で一番重要なのは「腹を立てない」ことだ、としました。

さらに「腹が立たない」人になるための講習会として、特別講習研鑽会を始めたわけです。特講の参加者は、その思想を世界に広めていきたいと思うようになり、それで運動として弾《はず》みがつきました。

そんな中で、山岸は百万羽科学工業養鶏の構想を発表します。近代的な設備を持つ工場を四日市市に作り、卵を粉にした卵粉を輸出するという構想です。会員たちは熱狂して駆けつけてきました。しかも彼らの多くは、農地などを売り払ったお金を持参しました。これがいまのヤマギシ会の元になるのです。

ところが計画にあまり具体性がなかったので行き詰まり、社会問題になってしまいます。また、ヤマギシ会に入るときに財産を会に差し出すのですが、後になると、脱会するとき返してもらえないということを巡って、裁判も起きました。

10　養鶏と優生思想

そのヤマギシ会と、太田の思想はどう結びついたのでしょうか。

山岸巳代蔵という人は、養鶏家で、鶏の品種改良もしていましたから、優生思想に近い考え方を持っていました。

人間は、動物や植物の品種改良はいくらでもするわけです。山岸は品種改良をして、たくさん卵を産む鶏を作りました。

動物については、そういうことはさほど批判されないわけですが、人間にそれを応用するわけにはいきません。

そこで、ヤマギシ会は、人間の身体を変えるのではなく、心を変えるという方向に向かいました。

ヤマギシ会の中では「執着」や「我執」と言うのですが、人間は我というものによってとらわれているとします。自分というものにとらわれたり、社会の慣習とかにとらわれたりしているというわけです。

そこで、みんな人間は腹が立つのは当然だと思っているけれど、本当は腹は立たないのではないかという、発想の転換をしていくわけです。

太田は、ヤマギシ会のそういった考え方に共鳴したのでしょう。人間は老いさらばえても、生きていかなければいけないのだろうか。そういう「とらわれ」から解放され、自殺を選んだとしても、本人の問題として処理される限りいいのではないかという発想に行き着いたのではないでしょうか。

太田としてはあくまで、自分が老いたときの問題として言っていたわけです。本当はそこに主眼があったのです。ですから、延命措置をやめて尊厳死を選ぶというテーマに、彼がはたして本当の意味で関心を持っていたのか。それはわかりません。

運動として始まってしまうと、いろいろな人たちのニーズ、社会的な要求を取り入れなければならなくなります。だから、「尊厳死」という方向に行ったのだろうと、私は思います。けれども彼としては、やはり徹底した安楽死、自分が死ぬということに関して、最終的な決定権があるというところに重きを置いていたのではないでしょうか。

これは非常に難しい問題です。「老い」を、どう考えるか。多くの人が長生きできる社会になり、なおかつ延命措置もある社会になったわけです。生きてはいるけれども、本当にちゃんと「生ききって」いるのか。

今後、このことについては、向き合う必要が高まってくると思います。

11　医療と福祉の限界

社会の中で優位な立場にある人たちが、最終的に尊厳死を望んで実現するということは、ある意味贅沢《ぜいたく》な欲望です。

実は今後よりいっそう問題になってくる問題は、高齢化に伴って福祉の対象になる人が莫大に増えていくということです。日本は国民皆保険であり、介護保険もあります。世界的に進んでいると言っていいかどうかはわかりませんが、手厚い福祉の国であることは間違いありません。

けれども高齢化が進み、若い年代の人口が減っていけば、税収は減るのに福祉、医療にかかる費用が増える。はたして現在の社会福祉の体制を維持できるのか、ということが問われているのです。

いまの水準を今後維持するのは、端的に言って不可能です。

すると、医療費などを負担しなければならない人は、早く死んでくれたほうがありがたい――というような考え方も出て来ると思います。

これまで私たちが当たり前だと思っていた、高齢者が医療や介護を十分に受けられる社会に限界が来ているわけです。

これまでは当然のようにしていた延命措置ができなくなる可能性も、当然考えられます。今後はむしろ延命措置をしない、あるいは早めに中止するということをしないといけない、という社会がやってくるかもしれません。

そんななか、自分の意思で選択する「尊厳死」は、延命措置をしてくれることが前提なのですから、贅沢なことにもなってきます。

12　延命措置の可否

現在の日本では、延命措置が過剰だという意見もあります。動くどころか意識もまったくないのに生かされる、食べる力がないのに胃瘻《いろう》をする。健康な多くの人は、

「自分には無理な延命措置をしないでくれ」と考えます。ところが実際に自分が、あるいは家族がその立場になると、なかなか止める踏ん切りがつかないものです。

私の知っているあるご夫婦もまた、二人とも「過剰な医療は要らない」と考えていました。しかし、夫が衰えてきて人工透析が必要になると、やはり人工透析に頼るようになりました。

また知り合いの学者も、健康なときは過剰な医療は要らない、と考えていたようです。その方の場合、家族がすでに亡くなられていたので、弟子が面倒を見ていました。胃瘻をするかしないかという判断のとき、やはりすることに決められました。

最後の段階になると、心はいろいろ変わりますし、人間の意思は一貫していないものです。たとえば五十代で考えた末に、いま流行《はやり》のエンディングノートに、「延命措置は要らない」と書いたとしても、六十代になり七十代になり八十代になっても、同じ気持ちでいられるとは限りません。むしろ、変わることのほうが多いのではないでしょうか。

冷静な判断力、正常な判断力が、その間際にあるかどうかもわかりません。認知症になっていたり、なっていないとしても柔軟性を失ってしまうということが往々《おうおう》にして見られます。

医療技術というのは、日々進歩しています。治る確率は高くなっていくわけです。そうしたことも、すでに決めたことに影響を与えます。

13 難しい現代の「老い」

人間は年をとるとだんだん頑固になり、周りの言うことを受け入れなくなる傾向があります。「老成」という言葉があるように、昔は老人になることがすなわち知恵のある年寄りになっていくというイメージがあったと思います。ところが、現代社会は、知恵というものが絶えず更新されていくものになってしまっています。困ったことが起きると老人に相談する、という社会ではなくなってしまいました。

老人の側から見ると、変化が激しすぎる社会のことがわからず、自分のノウハウが通用しない。自分の知恵が活かされないわけです。

その点で、現代の老人が置かれた環境は過酷なものなのです。

昔の社会は急激に大きく変わらないので、経験をしてきた人の知恵が大きな意味を持ちました。けれども、現代は経験がどんどん更新されてしまい、個人ではなくて社会全体に蓄積されてゆきます。芸能や特殊技能を持っていれば別ですが、老人の価値は残念ながら年を重ねるにつれて低くなってしまうのです。

すると、老人にはかなりのストレスが溜まります。

昔は若者がキレると言われましたが、現代は老人がキレる。それはその人が、社会から重要視されているかどうかというところと関係しています。昔でいう不良の若者は、社会から「必要がない」と言われ、キレる。そうすることでしか、人間としての存在感を示せないわけです。

だからかつて若者の犯罪と言われていたものが、そのまま高齢者に移ってしまっています。

社会的有用性の問題です。

「老人は治る見込みのない一種の業病である」

太田典礼が言っていた言葉の中に、本当のところ、「真実」を感じる方もいるのではないでしょうか。

インドには、人生を四つの期間に分ける「四住期」という考え方があります。若いうちに師に学ぶ「学生期《がくしょう》」、家庭を作る「家住期《かじゅう》」、修行をする「林棲期《りんせい》」、そして人生の最後である「遊行期《ゆぎょう》」というものです。

遊行期は、最後は世俗の社会を捨てて、乞食のような生活を送るということです。日本のお遍路などという生易《なまやさ》しいものではなく、最後は行き倒れになって死ぬ。これが、輪廻から逃れるための一番有効な方法だと信じられているのです。

これは、命を絶つ「自殺」ではありませんが、一種の社会的自殺でしょう。

極端な話ではありますが、こうした人生の終わりを選ぶこともありなのではないでしょうか。

第四章

死後の魂《たましい》

1　死後の世界は本当にあるのか

最近、ある現役医師が「死後の魂が死んだあとにも残る」といった内容の本を出版し、話題になりました。その是非はともかく、それだけ人は死後の世界に強い関心があるのだと思います。

僧侶さえ、浄土というものの実在に関して確信を持てない、はっきりとは答えられなくなっている時代です。だからこそいま、現役医師が「死後の世界がある」とはっきり書いたこの本は、大きな話題となったのでしょう。

逆に言うと、宗教家が同じことを言ったとしても、あまり信じてくれない時代になっているのかとも思います。

もともとの仏教の考え方から言えば、魂という存在そのものについてさえ、実は疑わしいと考えます。仏教は基本的に「空」という考え方を採っています。

「空」とは、「すべてのものは実体を持っていない」ということです。

目の前にあるもの、何でもよいのですが、たとえばボールペン。これは本当に存在するのか。それはあくまでも関係性の中で存在するとされるだけで、それ自体で存在するかは疑わしい、いや、「存在しない」というわけです。

仏教はこのように考える宗教ですから、魂などというものが死後存続するということはとても考えられないはずなのです。

前にも書きましたが、そもそもインドの仏教には、生まれ変わることをポジティブなものには考えません。生まれ変われば、いまの苦しい人生がまた繰り返される、下手をすると畜生や餓鬼、地獄の世界に落とされてもっと苦を経験しなければならなくなるかもしれない。それを永遠に繰《く》り返すことほど、苦しいことはないわけです。そこから逃れられるのが、「解脱《げだつ》」です。インド仏教は、輪廻から逃れることを目的としていたのです。

中国や日本になってくると、生まれ変わりはいいものだという考え方が出てきます。

その背景には、仏教が中国に伝わって生まれた浄土教信仰があります。

浄土教信仰では西方極楽浄土は阿弥陀仏がいる浄土とされますが、それ以前からさまざまな浄土が設定されていました。焼けてしまった法隆寺金堂の壁画には、弥勒《みろく》浄土や釈迦《しゃか》浄土、薬師《やくし》の浄土などさまざまな浄土が描かれていました。

南無阿弥陀仏という念仏を唱えることで西方極楽浄土に往生しようという念仏信仰が、浄土教信仰となりました。生まれ変わり、浄土に行くことはいいことなのだという考え方が生まれ、インド的な仏教から離れるわけです。

2　『往生要集《おうじようようしゆう》』に書かれた地獄

浄土教信仰は、平安時代から日本の社会にも採り入れられました。最初に源信《げんしん》という比叡山の僧侶が『往生要集《おうじようようしゆう》』というものを書きます。『往生要集』は、前半の地獄編と後半の極楽編に分かれています。そこでは、地獄に落とされるとどうなるかということが、延々と事細かに書いてあります。

その『往生要集』をもとに、後に地獄絵が生まれます。

源信という人は、なぜそんなものを書いたのでしょうか。地獄に落ちることがいかに悲惨かをみんなに知らしめ、納得させるためです。延々と地獄は恐ろしいということを書き続け、だから「きちんと念仏信仰をもって極楽往生しなさい」と説いたのです。

そうすると、こういうすばらしい世界に行けますよと、後半には極楽のことが書かれています。

けれど、これはどの宗教でもそうですが、天国や極楽の世界を描くのはとても難しいものなのです。苦しむさまはとても描きやすいのですが、幸せに暮らすさまは描きにくいもののようです。

地獄に落とされる恐ろしさが強調できたということは、現実の世の中がかなり苦しいということもあったと思うのです。

平安時代の後期は世の中が乱れだした時代です。天変地異が頻発し、戦乱も繰り返されました。しかも当時の死は「穢《けが》れ」でしたから、死が近づいてくると屋敷を追い出される、戦乱が起きると京の鴨川《かもがわ》沿いに何万という死体が置き去りにされるなど、現世自体が「苦」を感じさせるものだったのです。

「現世は苦しい」「地獄に落とされたくない」「来世は極楽に成仏したい」……。

こうした庶民の恐れ、願いに応えるかたちで浄土教信仰が広まっていきます。

3　法然と念仏信仰

平安時代には街中で念仏信仰を説いた空也《くうや》上人が出現し、鎌倉時代に入ると法然《ほうねん》という人が現われました。

法然は比叡山の僧侶だったのですが、山を下り念仏信仰を説くようになったことで、浄土宗の開祖となりました。

当時の公家のトップ九条兼実《くじょうかねざね》は法然に帰依し、パトロンのような存在になります。九条は法然に『選択本願念仏集《せんちゃくほんがんねんぶつしゅう》』という書物を書かせます。そこには、ほかの修行は一切要らない、ただ念仏さえ唱えればよいということが書かれています。

ただ、法然が『選択本願念仏集』を実際に書いたのか、私は怪しいと思っています。

なぜなら、法然はほかに著作を出していないこと、また彼はかなり「穏健派」だったからです。念仏信仰が流行《はや》ると、浄土宗は比叡山延暦寺、奈良の興福寺、いわゆる「南都北嶺」から批判を受けます。すると法然はあまり過激な主張はしない、悪いこともしないという内容の「七箇条制誡」を作り、自ら署名したのち数百人の弟子たちにも署名させます。これを、比叡山に送りました。

『選択本願念仏集』の「念仏至上主義」のような内容と、実際の法然の行動の間は開きがあるように感じられます。また法然は「持戒の人」といわれ、戒律を守り、妻帯もせず、僧侶として模範的な生活を送った人なので、なおさら矛盾を感じます。

おそらく、九条兼実の要望に応えて弟子が書いたのではないか。これはあくまでも推論ですが、私はそう思います。

念仏信仰の場合、「多念義」と「一念義」という考え方があります。簡単に言えば「多念義」は、極楽往生するためには何回も念仏を唱えなければならないというもので、「一念義」は、一回だけ唱えれば極楽往生できるというものです。

念仏を唱え続けなければいけないのか。それともこれまでの修行や信仰を全部捨て、念仏信仰に転換する、つまり「発心《ほっしん》」すれば十分なのか。これはたしかに議論の余地があるところですが、基本的に考えれば「一念義」のほうが正しいのではないかと思います。量ではなく、質ということです。

ただ、浄土宗は開祖である法然の影響もあり、あまり過激な方向に行きませんでした。穏健な多念義的な考え方が強くなり、ほかの儀礼的なものも採り入れたりもします。江戸時代になると将軍家の宗派になり、体制化していくのです。

4　日本人にとっての葬儀

日本の仏教式の葬儀は、実は二つに分かれています。

一つ目は禅の形式であり、曹洞宗から始まるものです。亡くなった方に僧侶がカミソリを当てるマネをして出家させ、戒律を与え、戒名も授けます。

この方法は同じ禅宗の臨済宗だけでなく、それ以前からある平安仏教の天台宗、真言宗、それから浄土宗にまで広がりました。

しかし、曹洞宗系の葬儀の手法が、浄土宗に採り入れられているということは教えに矛盾しているようにも思えます。

なぜかといえば、念仏さえ唱えれば成仏できるのなら、死んだ後に戒名を授かる必要はないはずだからです。

浄土宗はよくいえば穏健派、悪くいうと体制派ということでしょう。

これとは違う方法を採っているのが、浄土真宗と日蓮宗です。日蓮宗では戒名のことを法号と呼び、男性の場合には日蓮の「日」、女性の場合には南無妙法蓮華経の「妙」という字を入れます。

浄土真宗の場合には、今度は法名といい、それは「釈何々」とつける。女性の場合は「釈」のあとに「尼」と入れて、「釈尼〇〇」、これが法名です。

日蓮宗と浄土真宗の葬儀の場合、「出家、授戒、戒名を授ける」という部分がないのです。

出家していませんから死んだ後の行方《ゆくえ》が違うのですが、ほとんどの人がそのことを気にしていません。僧侶も、自分の宗派の葬式のやり方は知っていても、他の宗派のやり方は知りません。

5　死後の成仏と「追善《ついぜん》」

法然の弟子が、浄土真宗を開く親鸞《しんらん》です。

親鸞は「他力本願」を説きます。

「他力」は、一般的な用法としては「人の力をあてにする」ということですが、そのときの本来あてにすべきは、信仰的にいうと阿弥陀仏なのです。

阿弥陀仏が法蔵菩薩《ほうぞうぼさつ》という菩薩だったとき、四十八の本願を立てました。簡単に言えば、すべての人を救うという誓いを法蔵菩薩が立てたのです。その中に「十八願」というものがあり、これは念仏を唱えれば必ず救うという誓いです。

菩薩というのは如来になる手前でとどまっている人のことです。如来になると悟りの世界に行ってしまうので、他の人を救うということはできなくなります。ですから、人々を救済する役割を果たしているのが観音菩薩とか地蔵菩薩などの菩薩なのです。

法蔵菩薩は、自分の願が果たされないうちは、自分は如来にならないであらゆる人々を救いきるまで救済をやると誓いました。私たちはそれにすがればいい、委《ゆだ》ねればいい、というのが「他力」の教えです。

その手段としての念仏という位置づけになっています。

念仏信仰は、浄土宗、浄土真宗という宗派に限らず、一般の人たちの間にも広まりました。念仏を唱え、それによって極楽浄土に往生するという考え方が日本全体に浸透していくわけです。

さらに儒教的な考え方が入ってくると、現世における行ないがよい人は成仏できるが、悪い人はできないという発想になります。そこで生まれる考え方が「追善《ついぜん》」です。

「追善」は、亡くなった人がこの世で悪いことをしていたり、布施《ふせ》が足りなかったという場合でも、遺された家族や子孫が善を追加することで成仏できる、という考え方です。言ってみれば、ポイント制のようなものです。

ポイントをもらうために法事、法要を繰り返す。これは寺にとっては都合がいい、さらに言えば寺を経済的に支えていくためのシステムになりました。「善」というのは結局、お寺に対していかにお布施をするか、になるわけですから。

6　浄土よりも現世がよい世界になってきて……

多くの日本人は、仏教信者として、極楽往生を期待して、長年、法事、法要を繰り返し、念仏を唱えてきたわけです。

しかし世の中が変わっていくと、だんだんそうした信仰にリアリティがなくなってきます。何より現代は、生活が豊かになりました。飢えも戦乱もない。現世に生きていることが、それほど苦しくない世の中になったのです。

つまり、この世よりもいい世界を想像することが難しくなりました。「極楽往生させてあげる」と言われても、「別にいいや」というような気持ちになってきます。

さらに科学が発達し合理主義というものが生まれて、「極楽浄土」そのものも疑わしいと考えるようになります。

当然、極楽往生するための宗教活動、信仰活動がしにくくなっているわけです。ましてや都市に生活している人たちにとって、極楽浄土を思い浮かべることや、浄土を理想の場所として考えることはほとんどできません。

とはいえ、自分の死というものを考えるとき、やはり「死んで終わり」とするには抵抗感があります。すると、現役の医師が「死後の世界はある」と記す本が話題になったりするわけです。浄土教信仰に近い「あの世」に対する考え方が、形を変えて現代化されてくるのです。

7 『死ぬ瞬間』に書かれていたこと

エリザベス・キューブラー・ロスというドイツの精神科医が、『死ぬ瞬間』という本を書いています。
彼女は、医師として多くの患者の死を見届けた体験から、人間が自らの死を受け入れていく過程を分析しました。それは、次のように進んでいくというのです。

否認　回復不能な病を宣告されると、「何かの間違いではないか」と考える。
怒り　次に、「なぜ自分が」と怒り、抵抗する。
取引　何とか死から逃れたいと試みる。
抑うつ　なすべきことはないと知り、うつ状態になる。
受容　自分の死という現実を受け入れる。

もちろんすべての人間がこのようなプロセスをたどるわけではないのですが、彼女の理論はホスピスなど実際の医療現場で応用されました。
キューブラー・ロスは最終的には「死を受容する」プロセスを記したのですが、ここには信仰が大きく関わってきます。彼女の生きたキリスト教社会では、神が絶対的な力を持っています。人間が生きていること自体が神の計画であり、神の設計図の通りに人間は生きていると考えられます。

そうなると、自分が死を迎えることも、神が計画したことだというように、信仰と結びつきます。信仰がなければ、死を受容していくことはかなり難しいことだと思います。

ところが、すでに述べましたように、いまヨーロッパ社会ではどんどんキリスト教離れが進んでいます。安楽死、尊厳死の問題は、神ではなく、自分で自分の死を決めるということになるわけで、それは、現代におけるキリスト教の問題と密接に関わっていると言っていいはずです。

8　戦後の宗教の基本は現世利益

一方、仏教徒の多い日本人はどうでしょう。

日本人は、長年浄土教信仰をもとに死を考えて来たのですが、その浄土というものが信じられなくなってしまいました。しかし、いま生きている自分という存在が死によって消滅してしまうということは受け入れがたいとも思っています。もちろん、キリスト教徒のように、神の計画とも考えられません。

日本の戦後社会には、この世中心、現世利益的な宗教が生まれることになりました。来世を求めるというより、いま生きているうちにご利益をもらおうという宗教が人々を引きつけました。その象徴が、いわゆる新宗教です。

戦後に拡大したのは日蓮系、法華系といわれている新宗教です。創価学会をはじめ立正佼成会、霊友会、みな法華経信仰です。

法華経というお経は、日本に仏教が伝来した最初の段階から入ってきています。聖徳太子《しようとくたいし》が書いたとされる法華経の解説書『法華義疏《ほつけぎしよ》』というものがあります。

聖徳太子は俗世の人ですので、実際に本人が書いたとは考えにくい。ただ、聖徳太子の時代に『法華義疏』が書かれたということは、当時法華経がすでに日本に伝わっていて、関心をもたれていたということになります。

法華経というのは「諸経の王」、諸々の経の王様といわれています。そこに書かれていることをかなり単純化すれば、あらゆる衆生は成仏できる、ということです。「衆生」というのは人間だけではなく動物、植物、あるいは国土も入ります。すべてのものは成仏するための仏性、仏としての性格を持っているということを説くのが法華経なのです。

どうすればいい、という方法は書かれていないのですが、すべてが成仏できると強調しているのです。そして、法華経自体が非常に尊いものであると、自画自賛しています。したがって、「この法華経さえ信奉していればいい」という信仰が生まれました。

それが法華経信仰です。

法華経信仰は、来世に生まれ変わるということは必要なくて、生きているということがそのまま仏になれる、という信仰です。

日蓮は法然を批判して、来世信仰を否定して現世の信仰を強調しました。その点で、法華経信仰、日蓮信仰というものは現世的なのです。

戦後にそういう宗教が流行ったということは、多くの人がこの現実社会の中でいかに成功するか、あくまで現世利益を望んでいたからです。

これは逆説的ですが、医療の進歩がより信仰を深めさせた、ともいえるかもしれません。たとえばある人が重い病気になったとします。たいていは治療を受けながらも、治るように祈ったりするでしょう。それまでは不治だった病気も医療の進歩とともに、治るようになった。すると、「お祈りのおかげだ」となるケースも増えるわけです。

それはともかく、現代の社会は、現実の世界で救いを求める方向に宗教も変わってきました。それによって、来世信仰が否定されるようになったのですが、そうなると死んだ後にはどうなるのかという不安を抱えるようになりました。そこに、現代において新たな死の問題が生まれる根本的な原因があるのです。

第五章

死は別れのとき

1　ガン告知

さまざまな病気があるなかで、いま人がその病名を聞き、すぐに「死」と直結するのはやはり「ガン」でしょう。しかも「末期」と言われれば、それは死の宣告に限りなく近いものになります。実際、「ガン」は日本人の死因の第一位です。

戦前から戦後にかけては、結核という病気が現在の末期ガンの診断と同じ性格をもっていました。実際、多くの人が結核で亡くなったのですが、ストレプトマイシンという特効薬が開発され、いまでは不治の病ではなくなっています。

ガンもまた、必ずしも不治の病ではなくなっています。それでもやはり怖《こわ》い病気の代表です。かつては、「ガン」にかかった場合、本人に言わないのが普通でした。いまではガン患者本人に対して、病名を「告知」することが当たり前になってきました。

以前は、ガン告知が死の宣告のように受け取られるため、家族には知らされるけれど、本人にはひたすら死ぬまで隠すということも珍しくありませんでした。それは家族にとってそうとう苦しい状況でした。

たとえ告知されなくても、患者のほうも、「自分はガンではないか」と疑います。それでも患者は、「できればガンであってほしくない」というかすかな望みにすがりながら、ガンではないという家族の話を受け入れるのです。

このように、ガン告知のあり方は時代とともに大きく変化をしてきたのですが、いまから五十年以上前、日本ではガンの告知が一般的ではなかった時代に、アメリカでガン告知を受けた一人の日本人がいました。

彼の名前を岸本英夫《きしもとひでお》と言います。

戦後の宗教学をリードした宗教学者で、私にとっては宗教学の先生たちの、さらに先生にあたる存在です。

2　ある宗教学者の生涯

岸本は一九〇三（明治三十六）年の生まれでした。

アメリカ留学中にガン告知を受け、その体験を綴《つづ》った手記は、死後に弟子たちによって『死を見つめる心』（講談社文庫）という本にまとめられています。岸本は、たまたまアメリカで暮らしているときにガンが見つかったため、告知されることになったのです。

当時の日本では、ガン告知をされた人は稀《まれ》だった上に、岸本は宗教学者でした。宗教学者を名乗る人には宗教的な背景がある人、つまり牧師や神父、僧侶や神主も多いのですが、岸本は特定の信仰をもってはいませんでした。その立場から、宗教について研究をしていたわけです。

岸本の父親の、岸本能武太《のぶた》という人は、日本の宗教学者の草分け的存在でした。能武太はユニテリアンというキリスト教の一派を信仰していました。

こうした家庭の影響もあって、岸本自身も子どもの頃から青年時代にかけてはキリスト教を信仰していました。

しかし、次第に神への信仰に疑問を持ち、本人によれば「神を捨てた」のでした。それでも宗教への関心は強かったのか、あるいはキリスト教の信仰を捨てたからこそ研究せずにはいられなかったのか、宗教学の道を選んだのです。

東京帝国大学の宗教学科に入学した岸本は、宗教心理学の立場から神秘主義の研究を行なうようになります。

戦前、アメリカのハーバード大学に留学し、インドのヨーガの古典である『ヨーガスートラ』の研究を行ない、それをテーマにして博士論文を書きます。

その後は日本の神秘主義にあたるということで、山岳宗教の研究を始めました。自ら山伏姿になり、修行を行なったこともありました。文献からのみでなく、体験を通じてその本質に迫ろうとしたのです。

3　渡米後、ガン告知を受ける

戦後は東京大学の助教授に就任。英語が堪能だったため、連合国軍総司令部（GHQ）の宗教行政に顧問として関わります。これが岸本にとって大きな体験となりました。

GHQは、「国家神道」が戦争を鼓舞するような役割を負っていたので、解体しなければならないと考えます。それによって、「神道指令」という、神道と国との関係をすべて断ち切る命令を出すのです。

そのような状況で大きな問題となったのが、靖国神社の存在です。さまざまな議論がある中で、岸本はその存続に大きな貢献をしました。たとえば、終戦の年に行なわれた秋の例大祭でのことですが、靖国神社はそれまで海軍省、陸軍省の管轄であり、軍人が参列して戦没者の慰霊を行なっていました。その際に、当然軍人たちは軍服姿ですし、天皇も軍服姿でした。それではまずいと、岸本は大将をのぞいて平服に、天皇にも天皇服という服に着替えていただいたのです。音楽も軍の楽隊ではなく、東京都の楽団が演奏するようにしました。

岸本はこうしたアドバイスによって、ＧＨＱの心証を靖国神社存続へと大きく変えることに貢献したのです。

その後日本の宗教学界の中心人物となり、一九五四（昭和二十九）年、スタンフォード大学の客員教授として渡米します。その際にガン告知を受けることになるのです。このとき岸本は五十一歳で、黒色腫という皮膚ガンでした。気鋭の学者が最悪半年の命しか保証できないと宣告されたのですから、その衝撃はいかほどだったでしょう。

しかし、岸本は自分を必死に保とうとしました。

彼はアメリカで手術を受けます。左顎部にあったガンの塊《かたまり》と、転移の可能性があるリンパ腺や筋肉を取り除きました。幸いまだ転移はしておらず、医師からは「私は、貴方の体のほうには、現在、もうガンの細胞は残ってないと確信する。貴方は、もう一度、生きていくことができるのだ」と告げられます。

4　岸本英夫の死生観

その年日本に帰国する際、岸本はスタンフォード大学で講演を行なっています。

「日本人は、肉体的苦痛の中で死ぬかどうかよりも、平和で幸福な心の状態で死ぬかどうかにより関心をもつ。だから日本文化では、死は単に生命の自然な終わりではなく、人生の最後の重要な達成なのである。その意味では、死は生の領域内にある」といったことを語りました。

「東洋における死の概念」というテーマで岸本は独自の死生観を披露したのです。

手術後まもなく行なわれたこの講演のとき、岸本の顔の半面に包帯が巻かれ、口の筋肉はひきつっていたため発音が聞き取りにくかったということです。が、それゆえより深い感銘を与えたようです。

聴衆は、新渡戸稲造《にとべいなぞう》の『武士道』に通じる武士的な死に対する態度として、岸本の講演を受け取ったことでしょう。

帰国直後に書いた文章には、「私はアメリカのある大学で講義を担当しながら静かに一年余りを過ごしてきた」と、あたかも何もなかったかのように書いています。

しかし、帰国の翌年一九五六（昭和三十一）年、「文藝春秋」に「アメリカでがんと闘う記」を寄稿しました。

当時、ガン告知を受け、またその手記を発表するということは、大変珍しいことでした。

その中では、帰国直後の文章よりもその恐怖について正直に書いています。ガン告知を受けた日の夜については、「私の内心は絶え間ない血みどろの闘いの連続であった。座禅によって心を静め、その夜の恐怖を克服した」としています。

一方で、「私として、この期《ご》に臨《のぞ》んでもゆるがない自分の知性の強靭《きょうじん》さに対して、いささかの誇りを感じていたこともいつわらない心情であった」というふうにも述べています。

5　著書に収められなかった、ある文章

一九五八（昭和三十三）年、恐れていたガンが再発します。そのときの心境を、岸本はこう記しています。

「これは、私にとって、大きなショックであった。心の中に真っ黒な夕立雲が、にわかに拡がりはじめたような感じであった」（「癌の再発と戦いつつ」「婦人公論」一九六二年三月号。『死を見つめる心』所収）。

岸本のガンとの闘いは一九六二年、五十九歳で亡くなるまで続きます。

死後出版された『死を見つめる心』は、まだガンの闘病記が珍しい時代でもあり、ベストセラーになりました。出版から五十年以上経ついまも講談社文庫に収められています。

ところが私は、弟子たちが岸本の闘病記をまとめたこの本に、実は一つだけ収録されなかった文章を発見しました。

ガン告知から三年経った一九五七（昭和三十二）年、雑誌「大世界」1月号に掲載された、「碁餓鬼」という文章です。

読んでみると、ガンの告知を受けた当日、それほど平静ではなかったということがよくわかります。

「二、三年前、医者からがんだと言われた。大手術をして、奇蹟的にそれをくいとめるまで、三週間ほど、死を見つめて生きていたことがある。その間私は、ヤセ我慢をして、平然としていた。人々が感心するほど、平気を装っていた。

ところが、その時、碁を並べてみて驚いた。碁は正直なものである。いくら並べてみても、いつものように食い入るようなおもしろさが少しも湧き上がってこない。盤上に、生気を失った白い石と黒い石とが、ただ雑然と並んでいるだけの感じである」

岸本といえども、当たり前ですがけっして心穏やかではなくて、ガン告知を受けてからしばらくの間相当心が揺れていたのです。

『死を見つめる心』は、前述したように岸本の弟子たちがまとめた本です。弟子としては、師が病気によって取り乱したということは世間に知らしめたくなかったために、あえて「碁餓鬼」の文章を載せなかったのかもしれません。

6　死は別れのとき

岸本は当時としては稀有《けう》なガン告知からの手術、回復、再発という経験を経たことによって、死生観というものを独自に究《きわ》めていくことになりました。彼としては、一旦信仰を捨てている人間です。いまから信仰の世界に戻る、あるいは新たに宗教を求めるということは考えられませんでした。

再発の恐れを抱えながら、一生懸命仕事をしました。当時、東大の宗教学の主任教授を務める一方、一九六〇（昭和三十五）年には東大の総合図書館館長に就任します。図書館の整備に尽力したのです。

一九六一（昭和三十六）年には、『宗教学』という教科書的な本を出版しています。必ずしも読んでおもしろいという本ではありませんが、岸本の学問の集大成と言えるものです。

とにかく働くことで、死というものから逃れよう、忘れようとして動いたところがあったのではないでしょうか。

ただ、最後になると、仕事に没頭する道から離れ、「死は別れのとき」という心境に達することになります。

「死んでいく人間はみんなに、すべてのものに別れを告げなければならない。それは確かにひどく悲しいことに違いない、しかしよく考えてみると、死に臨んでの別れはそれが全面的であるということ以外、本来の性質は、ときおり人間がそうした状況に置かれ、それに耐えてきたものとまったく異なったものではない。それは無の経験というような実質的なものではない。死もそのつもりで心の準備をすれば耐えられるのではないだろうか」

岸本がこの心境に至ったのには、ある教育者の「告別講演」記録を読んだことがきっかけでした。

私も教えていたことがある日本女子大学の創立者である成瀬仁蔵《なるせじんぞう》は、一九一八（大正七）年六十歳のとき肝臓ガンを患《わずら》い、死期を悟りました。

翌年、大学の講堂に学内外の関係者を集め、講演をします。これが「告別講演」と呼ばれるものです。

実は、当時岸本の父能武太が日本女子大学の英文科で教鞭を執っていました。そして、女学校の五年生だった岸本の姉とともに、この告別講演を聞いているのです。

成瀬という人は元牧師ですが、日本女子大はミッションスクールではありません。成瀬は生涯独身だったこともあり、「成瀬教」と言っていいくらい、教師や生徒から慕われた人物でした。

7　告別講演から学んだもの

岸本は、成瀬の心の底では「死の恐怖がたけり狂」っていたのではないかと推測します。講演記録には、成瀬仁蔵が講演を終え、担架《たんか》に載せられて、みんなに手を振って引き上げていくという情景が描かれていました。岸本は、成瀬がその恐怖に打ち克《か》つことができたのは、自分が育て上げた日本女子大学があったからではないかと考えます。

「あらかじめ死を悟り、身の回りを整理し、別れを告げてゆくことができたら非常に立派なことだと思うが、四十年前、成瀬先生はそれをなさったのである」。そして、「この機会に、私の心には、死に対するもう一つの見方が展開してきた。それは、死は大きな『別れ』の時と見ることである」と、岸本は記しています。

別れた人間同士も、どこかで再会することがあるわけです。あるいはそういう再会をも念頭に置いていたのでしょう、その場所は極楽浄土なのかどうかはわかりませんが、「別れ」という言葉には、余韻が残ります。

岸本の『死を見つめる心』が読み継がれているのも、「死は別れの時」という言葉が盛り込まれているからではないでしょうか。その意味は曖昧《あいまい》かもしれませんが、読む人たちはそこに自分の考え方を盛り込むことができます。

死がすべての終わりというわけではないという意味も込められていて、それを「別れの時」というわかりやすい表現を使うことによって、人の心をうまくまとめ上げているように思います。現代人の一つの死生観、そういうものが確立されているようにも思えます。

また会えるかどうかわからないけれど、いったん別れなければならない――。そんな、日本人らしい余韻を残す言葉なのです。

8　晩年に熱中できるテーマがあるかどうか

岸本がさまざまな葛藤の末、「死は別れの時」という心境に行き着いたのは、すばらしいことだと思います。ただ、岸本の生涯をたどると、最期まで死の恐怖に支配されていたように感じます。

もし岸本に寝食を忘れて没頭できるような研究テーマがあれば、違っていたかもしれません。いま、私はそのように考えます。

それは、私が四十日間も入院し、生死の境をさまようような大病の経験を経てきたこと、同じ学者として岸本が亡くなった年齢を超えたことなどの要因があるかもしれません。

岸本は、この章のはじめに記したように、東大の宗教学の教授として、日本の宗教学をリードした学者です。教科書となるような著作も残しましたし、晩年は図書館長として立派な業績も残しました。

ただし、生涯をかけて追究しようとする学問上のテーマはなかったように見えるのです。もしそうしたテーマがあったら、命のある限り、徹底的にそれを調べ上げたことでしょう。人間は何かに夢中になっている間は、死への恐怖など感じないものです。

たとえば、読書に熱中しているとき、その世界に没頭しているときに死を想《おも》うことはないでしょう。コンサートで音楽を聴きながら、立ち上がって踊っているとき、死が怖いということもありません。

もし岸本が晩年、本当に熱中できるテーマがあったとしたら——。死に直面してからの彼の歩みは違ったものになったかもしれないのです。

第六章

先祖になるということ

1　家はどうなるのか

柳田國男《やなぎたくにお》が一九四六（昭和二十一）年に出版した、『先祖の話』という本があります。

柳田は民俗学を日本で始めた人であり、『遠野物語』などで知られる学者です。

その柳田が、戦後の社会状況を背景に、家というものが人々が生きていくための基盤として意味を持っていた時代が終わって、そうではなくなるのではなかろうかと予感して書いた本です。

実際に柳田がどこまで予想していたかはわからないのですが、戦後に都市化が起こり、社会が大きく変容していったことはたしかです。

「家の問題は自分の見るところ、死後の計画と関連し、また霊魂の観念とも深い交渉をもっていて、国毎にそれぞれの常識の歴史がある。（中略）家はどうなるか。またどうなっていくべきであるか。もしくは少なくとも現在において、どうなるのがこの人たちの心の願いであるか」（『先祖の話』）

これまで重要な意味を持っていた家というものが、どんどん役割として小さなものになってしまうのではないか。これは日本に限らないことですが、柳田はそう予感していました。

柳田が書いた通り、これは死の問題を考える上においても、ある意味、決定的な要素になっているのではないかと考えられます。

家があれば、人の人生は家を守っていく、あるいは家を守り立てていくというように、ひじょうに目的がはっきりします。

それに比較すると、いまは家を守る、家を守り立てていこうという意識を持つ人は本当に少ないでしょう。その意義は、はっきりしなくなっています。

そうすると、われわれは下手をすると無目的に人生を送ってしまうことになります。結婚し、家庭を作って子どもを産むということも、「本当に必要なのだろうか」と疑問を持つ状況になってしまうのです。

つまり、『先祖の話』が書かれた時代には当たり前だと思われていた「家」という存在が、いまはまったく当たり前でなくなってしまったのです。それゆえに、いろいろな問題がそこに生じています。どう生きていいかということがわからないから、どう死んでいいかということもわからなくなっているのです。

2　先祖崇拝という考え方

よく先祖崇拝、先祖供養といいます。

ご先祖様というものがいて、しっかりと供養していくことが、残された子孫の役割であると、長い間思われてきました。

いつそういう考えが生まれたのかはわかりませんが、権力を握っている朝廷や公家の間で、先祖崇拝の元に当たるような考えが生まれ、それが引き継がれてきているのだと思います。

天皇家には天照大神《アマテラスオオミカミ》という祖先、皇祖神がいます。天照大神は、弟のスサノオノミコトと対決することになり、お互いに玉を砕《くだ》いたり、刀をへし折ったりして、そのときに子どもが生まれます。

以後は神同士が結婚し、五代後に神武《じんむ》天皇という初代の天皇が誕生します。神の世から、人の世に変わるわけです。

いくつか謎もあります。天照大神はそもそも女の神なのに、天皇はなぜ基本的に男なのか。古代においては、一時、男と女が両方天皇についていた時代があったのですが、その後は基本的に男になりました。江戸時代には二人ほど女性天皇が現われますが、それはつなぎとしてそうなったようです。

近代に入ると皇室典範《こうしつてんぱん》というものができて、天皇の位は男が継ぐものだと定められてしまいます。なぜ天照大神という女神を皇祖としながら男が天皇なのか。その疑問はともかく、朝廷では先祖を信仰します。皇居には宮中三殿といって、神殿が三つあります。そこでは天照大神と、代々の天皇を祀《まつ》り、先祖崇拝という形態を取っています。

貴族にとっても同じように家が重要で、どの血を継いでいるかが大事だったのです。貴族の中でも主に藤原《ふじわら》家の系統を引いている人たちが摂政、関白、いまで言う総理大臣の位に就いたわけです。それ以外の家出身の人は、なかなかそうした位に就けませんでした。

平安時代に藤原家出身ではない、菅原道真《すがわらみちざね》という優秀な人材が現われました。右大臣まで出世し、その上は左大臣と太政大臣の位しかないという地位まで上り詰めたのです。ところが突然大宰府《だざいふ》に左遷され、それを悲観したのか、その地で亡くなってしまいました。その祟《たた》りを恐れ、いまでは天神として祀られています。

菅原道真は、藤原氏ではなかったという点で非常に稀《まれ》な例になります。史実は別として歌舞伎などの物語では藤原時平《ときひら》（歌舞伎では「しへい」と読みます）という人物が失脚させたということになっています。

3　先祖崇拝と仏教

藤原時平という人は、お芝居では悪魔のように描かれていますが、実際には立派な人物だったようです。

このように、家というものが貴族社会の中では重要でした。特に藤原氏は天皇の外戚といって、藤原家の娘を天皇家に嫁がせ、それゆえに摂政、関白の位を代々継いでいったのです。天皇は万世一系と言われますが、藤原氏もそういう形でずっと続いていくわけです。

藤原氏以外の血を引いている天皇は、ほとんどいません。平家が隆盛を極めたころには、平清盛《たいらのきよもり》が娘を朝廷に送ります。高倉《たかくら》天皇と娘徳子《とくこ》との間に生まれるのが安徳《あんとく》天皇ですが、壇《だん》ノ浦《うら》の戦いのときに入水《じゆすい》して死んでしまいます。平家の血はそれ以上つながりませんでした。

天皇家と外戚としての藤原家というのは、非常に強固な政治システムになっており、それが先祖崇拝と結びついてくるわけです。

日本では仏教を受容しましたが、やがては先祖を供養をするための仏教になっていきます。

もともとのインドの仏教にはまったくそんな考え方はないのです。特に公家から武家、武家から庶民へと先祖崇拝が広がっていく中で、念仏信仰も生まれましたし、

「追善」という言葉については、前にも説明しました。

先祖供養は、基本的に追善と呼ばれます。死んだ祖先に代わって子孫が供養する。すると善が追加されて、より早く成仏するという考え方です。

江戸時代には寺請制度というものがあり、誰もが寺の檀家にならなければいけませんでした。明治以降この制度はなくなりましたが、それ以降も、檀家になっているお寺、菩提寺があるのが一般的でした。

日本人の多くは村社会に住み、氏神様があり、菩提寺があるというのが基本的な形態だったのです。

4　先祖になるということ

村というのは十五世紀の頃、江戸時代に入る前、戦国時代に大幅に増えます。その村にお寺ができ、お寺の数も飛躍的に増えました。そして、寺請制度ができて強制されたために、みんな熱心に仏教で先祖供養をするようになり、そうした信仰が生活の中に浸透していったのです。

明治時代になり寺請制度がなくなっても、それを引き継いで、戦後の高度経済成長の時代になるまで続くのです。一五〇〇年代から一九〇〇年代の終わりくらいまで、数百年にわたって続いていくわけですから、すごいことです。

その家を開いた人、あるいはその家に貢献した人、具体的に言えば、田んぼを開いた人、田んぼを増やした人が「ご先祖」として崇拝の対象になります。ご先祖に対しての感謝を、法事法要をするというやり方で表わしてきました。

柳田の『先祖の話』に、「しきりに御先祖になるつもりだということを言った」老人が登場します。この人は新潟から東京に出てきて、大工から、材木の取引に転じ、いまでは楽に暮らしています。六人の子どもそれぞれに家を持たせ、母も引き取り、墓所も持った。そしていま、「新たな六軒の一族の御先祖になるのです」と朗《ほが》らかに話したというのです。

多くの日本人がこの老人と同じように、「御先祖になること」を目標に熱心に働きました。

そして死んだ後に信仰の対象、ご先祖様になり、仏様になったのです。日本では死んだ人のことを「仏」と言います。なぜ仏と呼ぶようになったかはよくわからないのですが、昔は各家に必ず仏壇があり、仏壇に先祖の位牌を祀《まつ》ったのです。

本来、仏壇というのは、先祖の位牌を祀る場所ではなく、仏を祀るべきものです。もともとは念持仏《ねんじぶつ》と言って、身分の高い人たちは日々祈る小さな仏像を持っていました。本来、その念持仏を収めるのが仏壇です。

ところが先祖崇拝によって、位牌に取って代わられたわけです。位牌は儒教にもとづいて、朝鮮半島や中国から来た習慣です。もともと仏教には、位牌という考え方はないのです。

位牌を仏壇に祀るようになったことで、仏壇は先祖供養のための一番重要な場になりました。

立派な農家では、広い仏間があって、壁一面くらい大きい仏壇を祀っています。そうした仏間では、隠居したお年寄りが生活していることが多かった。

仏間で先祖供養をしながら生活して、やがて自分もその仏壇に祀られる――。あの世への待合室のようなものでしょうか。

5　土葬の時代の記憶

特に地方の農村部などは、かつてはだいたいが土葬でした。村の中に共同墓地があり、死んだらそこに葬られると決まっていました。

村には葬式組という組織があり、誰かが死ぬと葬式組が共同墓地に穴を掘ります。亡くなった人を棺桶に入れて担《かつ》いで行き、棺桶ごと土の中に埋めてしまう。これが昔の土葬です。

土葬した場所は「埋め墓」と呼ばれることが多いのですが、そこに次々とほかの家の死んだ人も埋められていきます。棺桶も腐るし、遺体も腐敗するので陥没します。石塔などは建てておくことができませんし、そもそも共同墓地ですから個別の家のお参りの対象にはなりません。

「両墓制」という制度があり、一部の人たちは埋め墓と別に参り墓をつくりました。

お参り用の墓ですが、そこに骨が埋まっているわけではありません。

当時、亡くなった人に手を合わせる場としては、仏壇が一番の中心でした。

現代は墓を参ること、墓を持つことが重要視されていますが、土葬の時代は参る墓を持たない家がほとんどだったのです。

仏壇に毎日手を合わせる、子どもが実家に帰ったら最初に仏壇に手を合わせる、というように仏壇中心だった。ところが家に仏壇がなくなることによって、死者が家の外に追い出されるような形になっていきます。それが戦後に起こった都市化の一つの象徴です。

6　都市化と核家族

戦後、都市化が進んだのは、高度経済成長の時代、一九五〇年代から始まり、最盛期は六〇年代、七〇年代初めまでです。ちょうどいまの中国のように、日本の経済成長は驚異的なスピードで続いていきます。

産業の中心も、農業から、工業、サービス業へ移っていきます。工業やサービス業といった第二次、第三次産業は都会での産業ですから、自《おの》ずと労働力は都会に集まります。

大規模な都市化が起こり、毎年地方から東京、名古屋、大阪、福岡、札幌などの大都市に人口が集中する時代になっていくのです。

この都市化から、人々の「死に方」が大きく変容していきます。高度成長の時代、都会に出てきた人たちはみんな若者です。その代表は、集団就職です。中学を卒業し、十五歳で地方から出てきて寮などに住みました。

就職後十年くらい経って彼らが結婚し家庭を作るとき、団地が登場します。団地は2DKの間取りです。そこに夫婦が住み、やがて子どもが生まれ、四、五人家族で住むというスタイルが基本になりました。

その家にはお年寄りはいません。たまに、田舎からお年寄りを呼ぶということも行なわれましたが、稀なことでした。

家に年寄りがいませんから、死んだ人もいない。仏壇もない。祖先もいない。だから死者供養には関わらないことになります。実家と良好な関係があれば、帰省して法事、法要に出るといったことはありますが、その人たちにとっては先祖崇拝でも何でもない。親戚づきあいの一つという位置づけです。

自分が、都会にできた新しい家の「先祖になる」というイメージもありません。すると、先祖供養から遠ざかっていくわけです。

男女二人が結婚し、子どもが生まれ、子どもが巣立っていくと夫婦が残り、夫婦どちらかが死んで最後は一人になる。都会の多くの家族が、このような道をたどります。核家族でさえないと言いますか、一時的な仮の家族、「一代家族」になってしまっているわけです。

一代家族になってしまうと、先祖供養をする人は誰もいませんし、意味もない。そもそも仏壇が家にないから、その対象もありません。かろうじてお墓参りには行きますが、お墓参りも家族が集まるための口実のようなもので、ご先祖様が偉いという観念はありません。都市化とともに、先祖崇拝が廃《すた》れてしまったのは必然の流れでした。

村社会には、さまざまな規制があり、しきたりがあります。自由もないし、窮屈な暮らしではあるのですが、たしかにご先祖様がいた、いつかは自分も「ご先祖様になる」と考えられる人生だったのです。

7 現代は「残せない」時代

都会の家族では、ご先祖もいないので、資産もありませんから、自分の努力でお金を稼がなければなりません。家も自分で建てなければいけない。団地に暮らしていた若い夫婦たちは、やがてお金を貯めて、郊外に分譲住宅を買います。すべて自分でしなければなりませんが、村社会と違って自由です。

地域のつながりも、自治会や町内会はありますが、しきたりなどはうるさくありませんし、村社会ほど密接ではありません。

都会に出ることによって、自由を得たわけです。逆に言うと、制約がないということです。ところが、制約がなければ、自分ですべて決めなければなりません。よほど自分でしっかりと決められる人以外は、人生の目的も道筋もはっきりしないものになってしまいます。

決定的なのは、残すものが何もないことです。サラリーマンとして働き続け、六十歳あるいは六十五歳くらいで仕事を辞める。たしかに現役として働いている間は、一所懸命だったことでしょう。お金も稼いだでしょう。しかし、その人が何かを残したかというと、一部の特別な人たちを除いてほとんど何も残していません。

たとえばずっと会社で経理畑を歩み、経理のプロフェッショナルと言われたとしても、その人のした仕事が形になって残るわけではありません。

ここで言う「残す」というのは、ただものが残るだけではなく、誰かがそれを活用する、そのおかげをこうむるようなものでなければいけないわけです。

現代でも、青色発光ダイオードのような大発明をしてノーベル賞をもらった方などは、「残せた」という実感を持って死ねるでしょう。けれど、それは本当に稀なことです。昔であれば、田んぼを守って子孫に残すことができました。そうなれば、少なくとも家族は、「ご先祖」として祀ってくれたわけです。

8　核家族から「一代家族」へ

これは、法律の問題も関わってきます。戦後、相続の制度が家督相続から均分相続に変わりました。家督相続であれば、まとまった資産を特定の子孫に残せますが、均分相続になり、兄弟などで財産も分けなければならなくなりました。法的にも、よりいっそう何かを残すことが難しくなってしまいました。

現代人の多くは仕事から引退し、余生は何とか年金で生きていくことができるでしょう。けれど、何も残せないままに死んでいくのです。

すると、「自分の人生とはいかなるものだったのだろうか」と考えざるをえない。「ご先祖になる」という強い実感を持ちながら死んでいく人生とは、まったく対照的です。

自分は、死んだら忘れられてしまうだけの存在かもしれないと考えてしまうのです。

「せめてお墓を」ということで墓を買ったとしても、そのお墓を守って、自分をご先祖として祀ってくれる人がいなければひどく虚《むな》しいものです。永代供養墓という形もありますが、身内ではなくお寺が供養してくれますよ、ということです。これもまた虚しい。

都市化とそれに伴う「一代家族」において、われわれはご先祖様として祀られるチャンスをなくしてしまったのです。

孤独死、無縁死も恐ろしいと思うかもしれませんが、その前に「自分の人生はいかなるものであったか」という壁に、われわれの多くは直面せざるをえないのです。

9　残さないという選択

何も残せない人生なのだとすれば、あえて「残さない」という選択もあるのではないかと思います。

昔は、貴族や武士が晩年に出家するというケースがありました。出家といっても、本当に僧侶として生活をするかどうかはともかく、世俗の社会からいったん切れて、仏の世界に近づくわけです。

それは、「残さない」という意図的な行為でもありました。ところが、現代では、そういう「出家」や「隠居」ができなくなってきています。

「隠居」は、「定年」とはちょっと意味合いが違う感じがします。隠居の場合、商売や仕事を跡継ぎに譲って、これまでの金を儲けるだけの生活ではなくなる。「余生」です。そして落語の世界のように、知恵袋として「ご隠居」として尊敬されることも多かったわけです。現代では老人の知恵が必要とされることもあまりないですし、隠居も難しい。

であれば、一発逆転があるとすれば、放浪を選ぶことです。

極端なのは、インドで功成り名を遂《と》げた人が、最後は世俗の社会から離れ、乞食になり、放浪して野垂《た》れ死ぬというものです。前にも書いた、「四往期」の「遊行期」です。

西行法師は妻子を捨てて出家し、「遊行」しました。各地を放浪した末、大坂河内《かわち》の寺の裏山に庵《いおり》を結び、そこで亡くなりました。

江戸時代には松尾芭蕉が西行法師の生き方に憧れ、旅に出て病《や》み、「旅に病んで夢は枯野をかけ廻る」という句を残して亡くなりました。芭蕉は満足して、あの世に旅立ったことでしょう。

現代では種田山頭火《たねださんとうか》が、放浪を選んだ人です。山頭火は、愛媛の松山《まつやま》に庵を結び、そこで生涯を閉じました。死の前日、庵で仲間と句会を開き、酒を酌《く》み交わし、その翌日死んでいるのが発見されました。

午前四時ごろ亡くなったと見られ、誰にも見守られない「孤独死」です。けれども、句会を開いて好きな酒を仲間と飲み、翌日死ぬというのは、大変幸せな死に方に思えます。

山頭火の場合、放浪の人生を選んだわけですが、結果的に多くの歌とその生き方が残りました。

何にも縛られず、句を詠《よ》んで、酒を楽しみ死んでいった。男がどこかで憧れる、うらやましいと言われる人生でしょう。

10　老後をどう生きるか

西行や山頭火のような、遊行の人生は男にとってうらやましいものですが、現代においてはやはりなかなか難しいことです。

現代では圧倒的に多い「勤め人」は、いやでも定年を迎えます。ではどう生きれば、長くなった「余生」を楽しめるのか。

関心の持続と言いますか、絶えず新しいものに関心を持てるかどうかが重要なのではないでしょうか。

先ほど歌舞伎の話をしましたが、歌舞伎も役者がどんどん世代交代していきます。それを見続けている人にとっては、常に新しい局面が生まれてくることになるのです。

それは十代の観客であろうと、八十代の観客だろうと一緒です。対象がどんどん変化していく、そういう対象に好奇心を抱くことがよいのかもしれません。

自分の関心の向きが絶えず変わっていく、新しいものになっていく。そういうものを持ち続けていると、状況は変わってくるのではないかと思います。仕事だけをしつづけてきてはだめなのです。

同窓会に出ると、個人差を感じます。

同級生はたいてい定年を迎えているのですが、仕事を辞めて発展が止まってしまったような人もいます。そういう人は正直話していて、そんなにおもしろくありません。

けれども、中には定年後、また大学へ入って学び直している同級生もいるのです。そういう人は活性化しているし、話のおもしろさが全然違います。

新しいものへの関心を持ち続ける、瑞々《みずみず》しさが大事なのだと思います。

私の父は考古学ファンでした。退職したあと、カルチャーセンターの考古学講座に十年以上通っていました。

別に考古学の専門家になろうとしていたわけでもないのですが、好奇心が絶えず刺激されて楽しんでいたようでした。

仕事を辞めて、急に趣味を持とうとしても無理だと思います。

修行と言うと大げさですが、常に頭を柔軟に保って、さまざまな関心を持ち続けることです。

11　働き蜂よりプア充

そもそも定年とともに、ぷっつりとそれまでやってきたことが途切《とぎ》れてしまう人生でよいのでしょうか。働き蜂として、働ける間は活躍の場があるけれども、ひとたび働けなくなると不要な人間になるというコースなのですから。

多くの人たちは働き蜂コースに乗ってしまうのですが、そうなると、最後は社会的に不要になるということが見えているわけです。

いわゆる「いい学校に行って、いい会社に行って」、けれどそういう人のほとんどは偉くはなっていけません。その会社の社長にはなれるかもしれませんが、それが働き蜂の最高限度です。けっして女王蜂にはなれないのです。

食いっぱぐれることを恐れて、何とかそうならないようにと考えると「働き蜂コース」を選んでしまいます。

私は『プア充』（早川書店）という本でも書いたのですが、いまの社会、実はそんなに働かなくてもいいのです。

日本は社会として豊かですし、社会資産も整っています。

たとえば図書館。無料で二十冊、あるいは制限なく本やCD、DVDが借りられます。運動施設も、区や市の施設ならば、数百円で使えます。

生活必需品にしても、たとえば昔はテレビなど高かった。月収の何カ月分と言われていた時代もありましたが、いまは安くて性能のよいテレビがいくらでもあります。リサイクルショップに行けばさらに安く買えるし、粗大ごみに出すと料金がかかるので捨てようとしている人がいればもらえます。

いま、日本の社会には物があふれているから、そんなに一生懸命働かなくてもなんとかなってしまうのです。

むしろ働けば働くほど、税金は取られますし、健康保険料なども高くなってしまう。中途半端なお金の稼ぎ方が、いま一番損です。それが働き蜂です。

働かないと罪悪感がある、というのは古い世代の発想です。適度に働き、あとは社会で余っているもの、安くあるいはタダで使えるものを使わせてもらうのです。

人生にはそういう選択肢もあるのではないでしょうか。

第七章

死と再生

1　人は幾度か生まれ変わる

人間は生まれ、ある一定期間を生きて死んでいきます。しかし、生と死というのはそれだけではありません。生きている間にも、いままでの状態の古い自分は死んで、新しい自分に生まれ変わるというようなことがあるのではないでしょうか。

伝統社会においては、子どもと大人、大人と言っても若い頃と、結婚して一人前といったように、さらに大人と老人というように、年齢に応じて段階が分かれていました。

日本の社会は、そのへんを厳密に考えます。ところが、ヨーロッパなどは、子どもと大人の区別が意外となされていないような気がします。

一九六〇年、フランス人の歴史家でアリエスという人が、『〈子供〉の誕生』（みすず書房）という本を出しました。ヨーロッパの社会では、近代になるまで子どもと大人が区別されていなかったことを論証した本です。子どもは「小さな大人」だったというのです。

近代社会になり、「子ども」が「発見」されます。つまり、子どもは成長し、ある段階ではじめて大人になるという考え方が成立したのです。

これは、世界的に有名な本ですが、私は、実はいまでもヨーロッパでは子どもと大人の区別がないのではないかと思うのです。アメリカ人にもあまりない気がします。

アメリカ人は、「グローンアップ」、成長する、成熟しているかどうかということを日常的に問題にしますが、それでも日本のような形で大人と子どもを区別していない気がします。

たとえば、日本に比べて、子どもに対して「子どもらしさ」が許されない面がひじょうに強い。特にフランスなどはそうですが、子どもがスーパーマーケットで騒いだりすることは絶対にあってはならないこととされています。

子どもというのは親が保護して、「かわいい、かわいい」と言って育つという存在ではなく、最初からしつけられて大人として行動しなければいけない。やはり小さい大人であって、社会と関わるときには、一人の人間としてしっかりとした対応ができなければならないという考え方です。ですから、子どもは、大人と同じように我慢しなければいけない。

アメリカ人のスポック博士によって書かれた『スポック博士の育児書』という、有名な育児書があります。この育児書で特徴的なのは、子どもが寝るときに、自分の部屋で寝るようにしつけられるということです。

スポック博士は、かなり早い段階で子ども部屋に子どもを離したら、親は一緒に寝てはいけないと強調します。実際、アメリカの子どもたちは子ども部屋を与えられて、そこで寝なければいけません。

日本のような、親子が「川の字」になって寝る、などというのはありえないのです。

子どもは自分の部屋という独立した空間で孤独に耐え、我慢しなければいけない。子どもは、かなり早い段階で、未熟な者から未熟ではない者に変わっていかなければいけないという考え方なのです。

2　最後の通過儀礼が「死」

日本は、明確に子どもと大人とを区別し、子どもは成長し、どこかの段階で大人になると考えます。それまではかわいい存在で、ある程度の失敗や悪さは許されますし、大人になって初めて責任が生じます。

親の責任は、子どもをちゃんとした大人に育て上げることにあります。ですから、息子や娘が罪を犯したとき、親が「育て方を間違えた」と言って、謝罪したりもするわけです。

成人するということは、子ども時代の自分が一度死に、新しい大人として生まれ変わるということを意味します。

武家の社会では、成人することを「元服《げんぷく》」と言って、元服したときに、それまで名乗っていた幼名を捨て、新たな名前を名乗ります。牛若丸《うしわかまる》が源義経《みなもとのよしつね》に変わったように、名前を変えるということ自体、日本独特の風習なのです。中国にもありません。

日本は、やたらと名前を変える文化です。幼名から成人して名を変え、時によっては父親の跡を継いで名前を変える。そして最期は戒名《かいみょう》を授かります。

武家社会の影響もあるのかもしれませんが、根本の考え方として、「それぞれの年齢によって人間は大きく変わっていくのだ」という、捉え方があると思います。

古い自分は死んで、新しい自分に生まれ変わる。その通過儀礼を繰り返すことによって、最後に死が訪れるわけです。死自体も通過儀礼です。いままで生きていた人間が仏という別の存在になり、戒名を与えられるからです。

名前が違うということは、別の人間だということです。

また、いまでも長く続く商家などでは、一家の当主が名前を受け継ぐというのもあります。親が死に、当主になると名前を変える。京都などでは、通名だけでなく戸籍名まで変えてしまうことも珍しくありません。

そういう形で、人間は生きている間にも死と再生を繰り返していくわけです。

死といっても、生物学的、肉体的な死だけではなく、人生の中でまったく違う自分になることもまた一つの「死」なのです。逆に言えば、人間は生と死を繰り返していく存在だからこそ、どこかで死ななければいけない、同じ状態であってはいけないという思想があるのだと思います。

3　歌舞伎に見る、生まれ変わり

わかりやすい例としては、歌舞伎役者はその家に伝わる名前のうち、いずれかを襲名して違う名前を名乗っていきます。その家に生まれた子どもは、将来その名前を襲名することを、周囲も本人も自然と意識するようになります。

歌舞伎では、襲名興行と追善興行という大きな二つの機会があります。「追善」というのは第四章でも出てきましたが、死んだ人を供養する機会のことです。死んだ役者を供養するために行なうのが追善興行です。

襲名はそれまでの役者が名前を変えることによって違う存在になる、再生を祝うための興行です。名前と、その名前に付いてくる芸そのものを受け継ぐのです。

こういう芸能というのは、歌舞伎にしか残っていません。伝統芸能という意味では能がありますが、能の場合、家があまり関係ありませんし、襲名という形ではありません。名前があまり大きな意味を持たないのです。歌舞伎という芸能は、そういう意味でとても特殊です。

その家に生まれるかどうかが、とても大きな意味を持ちますし、それで人生が決まってきます。

子どもの頃から稽古《けいこ》をつけられ、迷っている暇《ひま》もありません。若い頃一度迷ったとしても、周囲は継ぐものだという目で見ますし、ほかの仕事にも就きづらい。結局は家を継いで、その中でどれだけできるかという話になってきます。

いま日本社会の中で、「家」というものがどんどん崩れていくなかで、歌舞伎の世界では依然として家という枠《わく》が残っているのです。

茶道なども家元制はありますが、歌舞伎の世界は家というものを考える際にわかりやすい例になります。

歌舞伎を見ている人は、歌舞伎の演目を見ている一方で、役者がどういうふうに成長していくかということを何代にもわたって見続けています。役者もどんどん代わっていきますが、見ているほうも祖父母から孫、というように三代にわたって見続けるのです。

4 勘三郎の死

こうして名前と芸が脈々と受け継がれるという歌舞伎の世界で、ここ数年、市川団《いちかわだん》十郎《じゅうろう》と中村勘三郎《なかむらかんざぶろう》、坂東三津五郎《ばんどうみつごろう》という大物の役者たちが相次いで亡くなりました。もちろん人はいつか死ぬのですが、彼らはいまの一般的な寿命で言えばまだまだ若い年齢で亡くなっています。

特に勘三郎、三津五郎は五十七、五十九歳と、まだこれからという年齢でした。三年前に亡くなった勘三郎には、勘九郎《かんくろう》と七之助《しちのすけ》という二人の息子がいます。長男の勘九郎が、京都の南座で襲名興行を行なっている間に勘三郎は亡くなってしまうのですが、そのときの勘九郎と弟の七之助の会見を見たときに「ずいぶんすっきりしているな」と思いました。闘病期間が長かったのでいろいろなことがあったのでしょうが、悲しそうというよりも気丈に対応していると感じました。

襲名興行の口上では、涙を浮かべていたようですが、会見を見た限りでは、非常にすっきりしている印象でした。

これはけっして、息子たちが冷たいというのではありません。けれども、父親が大活躍したがゆえに、彼らにとっては、大変な重荷だったのだと思います。あえて言えば、邪魔な存在だったかもしれません。

もし父親が生き続けていたら、彼らにとっては重荷でもあり、親がいる限り自由になれません。

特に歌舞伎のような世界は、多くの場合、親が師匠になるわけです。親に頭が上がらない状況が続くのです。

5　親は早く死んだほうがいい

団十郎の息子である海老蔵《えびぞう》の場合も、いろいろ事件を起こしたりしましたが、父親が亡くなった後はウソのように落ち着きました。彼は父親のことをとても尊敬しており、たいへん影響も受けていました。

団十郎という役者は、若いころは本当に演技が下手だったのですが、それを自らの人間性によって克服していきました。歌舞伎の世界では「大きい」というのが一番の褒《ほ》め言葉ですが、晩年は、本当に「大きい」役者になったのです。

その団十郎が六十六歳で亡くなることによって、息子の海老蔵は大きく変わったのだと思います。

親が亡くなることは非常に悲しいことですが、子どもはそれで責任感をはっきりと持つようになり、それが落ち着きにも結びついていきます。

あまりに早く親を亡くしてしまうと、役がつかなくて苦労しますが、その分自由でもあり、早く大人になれるのかもしれません。

たとえば最近人気の尾上松也《おのえまつや》は、二十歳ぐらいのときに父親を亡くしています。しかも彼の家は歌舞伎役者の家として伝統がある家ではなく、それでかなり苦労したようです。

けれども、さまざまな人が引き立ててくれたおかげもあり、人気役者となりました。もし父親が長生きしていたら、いまのような人気はなかったのではないでしょうか。

このように、歌舞伎役者となった若者たちにとって、父親が早く亡くなったというのはよい方向に作用します。父親が長生きしすぎると、逆によい芽《め》を摘《つ》んでしまうし、大きな役者になるためのきっかけを与えないことになります。

非情なことかもしれませんが、歌舞伎役者は、子どものためには早く死んだほうがいいのかもしれません。

6　長寿社会の弊害

親は早めに死んだほうがよいというのは、親子関係が特殊な歌舞伎の世界だけでなく、もう少し広く一般にも言えることでしょう。

たとえば経営者の家です。親が創業者だとすれば、その子どもはなかなか自由になれないし、自分の力を発揮することが非常に難しい。そういう状況を見ていると、長寿社会になり、多くの人が長生きすることの弊害が出ているのではないでしょうか。

最近話題になった大塚《おおつか》家具の例もそうではないでしょうか。長生きしたのに、引退もせず、経営権を若い世代に渡したがらないから、世間から見ると、かなりみっともない事態に陥《おちい》ってしまったのです。

他にもこのような例は、多いのではないでしょうか。

子どもが後継者ではありませんでしたが、たとえばユニクロの場合。創業者の柳井《やない》正《ただし》は、経営の実権をなかなか手放しません。一度会長に退《しりぞ》いたのですが、ちょっとうまくいかないとまた自分が社長に戻ってしまいました。現在のパナソニックが松下《まつした》と言っていた時代に、創業者だった松下幸之助《こうのすけ》は一度は退いたのですが、やはり少し経営がまずくなると最前線に復帰してしまいました。

確かに自分の興《おこ》した事業がだめになることは耐え難いことでしょうし、会社を存続させていくという意味では、仕方ないかもしれません。けれど、後継を育てるという意味では実はやってはいけないことだったのではないかと思います。

本当に後継者を育てたいなら、危機に陥ったとしても口出しせず、じっと見守るべきです。人間は、修羅場をくぐることによって成長を遂げるものなのです。

全般的に現代は、親が長生きしすぎて、おまけに元気すぎるのです。本来なら親はもっと早く、子どものために死ぬべきなのです。そうすることで、大人になる機会を与え、責任を持たせることができます。子どもは親の目を気にしないで自由に生きることができます。

もちろん自殺を勧めるわけではありませんが、いい頃合いで死ねたら子どものためにもいいのはたしかです。

私の父親は、すでに亡くなっていますが、六十になっても八十代、九十代の親が生きているのは珍しくありません。そうなってくると、本当の意味で自立ができているのかどうかというところが問題になってくるのではないでしょうか。

7　大病から生還した私

私は十数年前に、大病を患《わずら》いました。

四十日間入院し、そのうち十一日間は治療のために眠らされて意識がありませんでした。

私はその頃、勤めていた日本女子大学を辞めてフリーの立場にありました。望んで辞めたわけではなく、オウム事件に関わったことで辞めざるを得なくなったのです。そんなときに身体を壊したのです。

初めは病名もわからなかったのですが、後から考えるとやはりストレスが影響していたのかと思います。

当時、大学を辞めたあと健康診断を受けていなかったために、積み重ねたデータがありませんでした。そういう場合、何の病気かを診断することが難しいようです。医者も病名がわからず、私も苦しんでいる中で、ある女医さんの「もしかして甲状腺じゃないですか」という言葉が聞こえました。すると、他の医者もハッとなった気配が伝わってきました。

検査をしないと実際にはわからないけれども、治療の道筋がついたようでした。結果的には甲状腺亢進症と十二指腸潰瘍を併発していたのです。

そこまでの記憶はあるのですが、その後心拍数が高くなりすぎ、それで眠らされることになりました。そして、起きると、薬の副作用で幻覚を見たのです。医者や看護師に殺されるような幻覚に悩まされ、それはかなり苦しいことでした。

眠っていた間は点滴だけで生きていたので、体重が大幅に減り、二十キロ以上は痩《や》せたと思います。褥瘡《じょくそう》、いわゆる床ずれもできたし、そこから回復するのが大変でした。

後に医者から、「さらに感染症を併発していたら命が危なかったかもしれない」と言われました。

腎臓や不整脈などの後遺症も残りました。

けれど入院前の身体が弱っていた状態と比べると、大病した後は疲れにくく、逆に体力がついたという感じがあります。

ちょうど入院していたとき麻原《あさはら》彰晃《しようこう》の裁判が終わり、判決が翌年二月に出ることをテレビのニュースで見ました。ベッドの中でです。

そのニュースを見たとき、直感的に「これで終わるな」という気がしました。この事件に対して世の中がけじめをつけることになるだろうと、そのニュースを見て感じたのです。

8　私の再生

実際に退院してしばらくすると、まさに状況は変わっていました。

一番象徴的だったのは、判決が出るに当たって事前取材ということで、全国紙すべての新聞社が私のもとに来たことです。それまでの私は、マスコミにとって「扱いづらい」存在だったのです。

一つの大きなけじめがつき、私の人生はそこで大きく変わっていきました。そのときには、大学を辞めた一九九五年から八年が経っていました。その間には、半年くらいまったく仕事がない時期もありました。

自分の力で変わったのかと言えば、よくわからないのですが、そういう流れみたいなものがあったように思います。流れが悪いときは、どうしようもないのです。いろいろとバッシングを受けたころは、自分でも、世の中から受けた批判を簡単にはねつけてしまう傾向が強かったと思います。いまから思えば若かったということが言えると思います。

その後、世の中が落ち着いてきて、私自身の対応も冷静なものになっていきました。それには、大病をする前に、オウムの事件を総括した『オウム　なぜ宗教はテロリズムを生んだのか』（トランスピュー、現在は『オウム真理教事件』ⅠⅡ）という原稿用紙一四〇〇枚の本を書いていたことが、大きくものを言いました。

入院中、看護師さんから「島田さんは若いから、治ります」と言われた言葉が印象に残っています。幸いなことに、私には病気に打ち勝つだけの若さと体力が残されていたのです。

生死の境をさまよったことで、何か自分のなかで生まれたものがありました。老成したのかとも思います。

病気が深刻なものだっただけに、自分は一度死んだようなものだという想いもあります。あとの人生は「おまけ」とまでは言いませんが、あのとき命を落としていたら、と思うと生き返った気分です。いまは、病をむやみに恐れることもしませんが、自分の体を用心するようになりました。

大病を経験したことで、精神的にも強くなった気がします。

あの四十日間は、私にとって「再生」の転機だったのです。

9　現代の死について

私の場合こうした大病をしたことで、死をはっきりと意識するという体験がありました。しかし、いまの社会においては、死はさまざまな意味で身近なものではなくなっており、その分死に対する恐れが抽象的なものになってきています。

戦争もありませんし、飢えもない、医療も発達しているのですから、死が迫っている感覚が薄らぐのは当たり前です。

ただし、だからといって死への恐れがなくなるわけではありません。「死が身近にあるときの、死に対する恐れ」と「死が身近でなくなったときの、死に対する恐れ」は、その性質が違います。

まず若い、自我が目覚めるときに、「自分の死」を考える人が多いでしょう。「自分がある」、けれど「いつか自分がいなくなる」。自分がこの世界から消え去ってしまうことを想い、恐怖を感じるのです。まだ人間として一人前にはほど遠く、恋も結婚もしていない、自分の価値が見いだせないからなおさらその恐怖を感じるのです。

ただし人は年齢を重ねて、さまざまな経験を経ていきます。次第に仕事も覚え、家族もでき、自分の存在意義を感じられるようになってきます。仕事をコントロールできるようになり、自分の人生そのものをコントロールしようという意欲も生まれます。受け身な客体的な存在から、本当の主体へと変化していくのです。

すると死に対しても、なくすことはできないけれども「自分の力で遅くすることができる」という意識が生まれます。

そうなれば死を恐れず、けれどもなるべくそれを遠いところに置くというような気持ちで生きていけるのではないでしょうか。

切りとり線

★読者のみなさまにお願い

この本をお読みになって、どんな感想をお持ちでしょうか。祥伝社のホームページから書評をお送りいただけたら、ありがたく存じます。今後の企画の参考にさせていただきます。また、次ページの原稿用紙を切り取り、左記まで郵送していただいても結構です。

お寄せいただいた書評は、ご了解のうえ新聞・雑誌などを通じて紹介させていただくこともあります。採用の場合は、特製図書カードを差しあげます。

なお、ご記入いただいたお名前、ご住所、ご連絡先等は、書評紹介の事前了解、謝礼のお届け以外の目的で利用することはありません。また、それらの情報を6カ月を越えて保管することもありません。

〒101-8701（お手紙は郵便番号だけで届きます）
祥伝社新書編集部
電話03（3265）2310
祥伝社ホームページ　http://www.shodensha.co.jp/bookreview/

★本書の購買動機（新聞名か雑誌名、あるいは○をつけてください）

＿＿＿＿新聞の広告を見て	＿＿＿＿誌の広告を見て	＿＿＿＿新聞の書評を見て	＿＿＿＿誌の書評を見て	書店で見かけて	知人のすすめで

★100字書評……死に方の思想

名前

住所

年齢

職業

島田裕巳　しまだ・ひろみ

1953年、東京都生まれ。東京大学大学院人文科学研究科博士課程修了（宗教学専攻）。放送教育開発センター助教授、日本女子大教授、東京大学先端科学技術研究センター特任研究員、同客員研究員などを歴任後、東京女子大学非常勤講師。日本を代表する宗教学者。『葬式は、要らない』『プア充―高収入は、要らない―』など、数多くの著者を世に送り出している。

死《し》に方《かた》の思想《しそう》

島田裕巳《しまだひろみ》

2015年 7 月10日　初版第 1 刷発行

発行者………………竹内和芳

発行所………………祥伝社《しょうでんしゃ》

〒101-8701　東京都千代田区神田神保町3-3

電話　03(3265)2081(販売部)

電話　03(3265)2310(編集部)

電話　03(3265)3622(業務部)

ホームページ　http://www.shodensha.co.jp/

装丁者………………盛川和洋

印刷所………………萩原印刷

製本所………………ナショナル製本

Printed in Japan　ISBN978-4-396-11425-1　C0214

〈祥伝社新書〉
医学・健康の最新情報

314
「酵素」の謎 なぜ病気を防ぎ、寿命を延ばすのか
人間の寿命は、体内酵素の量で決まる。酵素栄養学の第一人者がやさしく説く
医師 鶴見隆史《たかふみ》

348
臓器の時間 進み方が寿命を決める
臓器は考える、記憶する、つながる……最先端医学はここまで進んでいる！
慶應義塾大学医学部教授 伊藤 裕《ひろし》

356
睡眠と脳の科学
早朝に起きる時、一夜《いちや》漬《づ》けで勉強をする時……など、効果的な睡眠法を紹介する
杏林大学医学部教授 古賀良彦

307
肥満遺伝子 やせるために知っておくべきこと
太る人、太らない人を分けるものとは？ 肥満の新常識！
順天堂大学大学院教授 白澤卓二

319
本当は怖い「糖質制限」
糖尿病治療の権威が警告！ それでも、あなたは実行しますか？
医師 岡本 卓《たかし》

〈祥伝社新書〉
芸術と芸能の深遠

358
芸術とは何か　千住博が答える147の質問
インターネットは芸術をどう変えたか？　絵画はどの距離で観《み》るか？　……ほか
日本画家　**千住　博**

349
あらすじで読むシェイクスピア全作品
「ハムレット」「マクベス」など全40作品と詩作品を収録、解説する
東京大学教授　**河合祥一郎**

336
日本の10大庭園　何を見ればいいのか
龍安寺《りょうあんじ》庭園、毛越寺《もうつうじ》庭園など10の名園を紹介。日本庭園の基本原則がわかる
作庭家　**重森千《ち》青《さを》**

023
だから歌舞伎はおもしろい
今さら聞けない素朴な疑問から、観劇案内まで、わかりやすく解説
芸能・演劇評論家　**富《とみ》澤《ざわ》慶《けい》秀《しゅう》**

337
落語家の通信簿
伝説の名人から大御所、中堅、若手まで53人を論評。おすすめ演目《えんもく》つき！
落語家　**三遊亭円丈**